U0620191

魁阁学术文库
Kui Ge Academic Library

本书出版得到云南大学民族学一流学科建设经费资助

———————————————————————————

国家社会科学基金项目
"全球价值链下少数民族地区林副产品贸易管理机制"
（项目号：14BGL091）

国家自然科学基金项目
"集体林权制度改革后西南民族地区多元林权制度安排
及权属安全性研究"
（项目号：72063037）

价值链与野生菌

云南林副产品贸易的生态人类学研究

VALUE CHAIN AND
WILD FUNGI
Ecological Anthropology
Perspective of Trade of
Non-Timber Forest Products
in Yunnan

何俊 著

社会科学文献出版社
SOCIAL SCIENCES ACADEMIC PRESS (CHINA)

"魁阁学术文库"编委会

"魁阁学术文库"总序

　　1939 年 7 月，在熊庆来、吴文藻、顾毓琇等诸位先生的努力下，云南大学正式设立社会学系。在这之前的 1938 年 8 月到 9 月间，吴文藻已携家人及学生李有义、郑安仑、薛观涛辗转经越南从河口入境云南，差不多两个月后，其学生费孝通亦从英国学成后经越南到昆，主持云南大学社会学系附设的燕京大学-云南大学实地研究工作站（亦称社会学研究室）。1940年代初，社会学研究室因日军飞机轰炸昆明而搬迁至昆明市郊的呈贡县魁星阁，"魁阁"之名因此而得。此后差不多 6 年的时间里，在费孝通的带领下，"魁阁"汇集了一批当时中国杰出的社会学家和人类学家，如许烺光、张之毅、田汝康、史国衡、谷苞、胡庆钧、李有义等，进行了大量的田野调查，出版了一系列今日依然熠熠生辉的学术精品。由于吴文藻、费孝通、杨堃等诸位先生在 1940 年代的努力，云南大学社会学系及其社会学研究室（"魁阁"）成为当时全球最重要的社会学学术机构之一，其中涌现了一大批 20 世纪中国最重要的社会学家、人类学家。"魁阁"因其非凡的成就，成为中国现代学术史上的一个里程碑。

　　"魁阁"的传统是多面相的，其主要者，吴文藻先生将之概括为"社会学中国化"，其含义我们可简单概括为：引进西方现代社会科学的理论与方法，以之为工具在中国开展实地研究，理解与认知中国社会，生产符合国情的社会科学知识，以满足建设现代中国之需要。

　　为实现其"社会学中国化"的学术理想，1940 年代，吴文藻先生在商务印书馆主持出版大型丛书"社会学丛刊"，在为"社会学丛刊"写的总序中，吴先生开篇即指出，"本丛刊之发行，起于两种信念及要求：一为促使社会学之中国化，以发挥中国社会学之特长；一为供给社会学上的基本参考书，以辅助大学教本之不足"。丛刊之主旨乃是"要在中国建立起比较社会学的基础"。"魁阁"的实地研究报告，如费孝通的《禄村农田》、张之毅的《易村手工业》、史国衡的《昆厂劳工》、田汝康的《芒市边民的摆》等多是在"社会学丛刊"乙集中出版的。

80多年前，社会学的前辈先贤正是以这样的方式奠定了中国社会学的基础。为发扬"魁阁"精神，承继"魁阁"传统，在谢寿光教授的主持下，云南大学民族学与社会学学院和社会科学文献出版社共同出版"魁阁学术文库"，以期延续"魁阁"先辈"社会学中国化"的理论关怀，在新的时代背景下，倡导有理论关怀的实地研究，以"魁阁学术文库"为平台，整合社会学、人类学、社会工作、民族学、民俗学、人口学等学科，推进有关当代中国社会的社会科学研究。受"社会学丛刊"的启发，"魁阁学术文库"将包含甲乙丙三"集"，分别收入上述学科综合性的论著、优秀的实地研究报告，以及国外优秀著作的译本，文库征稿的范围包括学者们完成的国家各类课题的优秀成果、新毕业博士的博士学位论文、博士后出站报告、已退休的知名学者的文集、国外优秀著作的译本等。我们将聘请国内外知名的学者作为遴选委员会的成员，以期选出优秀的作品，贡献世界。

是为序。

第十三届全国人大常委会委员、社会建设委员会副主任委员
中国社会科学院学部委员、社会政法学部主任

云南大学党委书记

前　言

在经济全球化和贸易自由化的当代，对于价值链的研究越来越受到学者的关注。早期的价值链研究多集中在经济学领域，学者们更多地探讨价值链的流通过程和利益分配。随着研究的深入，人们发现价值链的构成、利益分配以及治理过程更受到政策的影响，因而政治经济学成为价值链研究的主要领域。价值链深入人类生活和社会的方方面面，近年来价值链研究更多地被人类学、社会学、管理学、国际关系学、区域国别学等多个学科所关注和应用。价值链的内涵也在新学科、新视野、新方法的注入下不断地丰富和完善，研究领域从传统的制造业、大宗商品贸易拓展到了服务业、自然资源管理，更深入了如今气候变化下的碳汇贸易、环境服务贸易等新兴的与自然资源管理相关的领域，在全球社会科学界构建了重要的理论和方法体系。

在我国，关于价值链与自然资源管理的分析研究在中国人民大学生态环境学院、中国农业大学以及国家林业局（现国家林业和草原局）的推动下从 2005 年逐步开展。相关研究从借鉴西方理论和方法开始，之后再在国内寻找相关案例以证明、补充或丰富西方理论。此外，当时引入了 Jesse Ribot 非常著名的"theory of access"（获益理论）作为价值链研究的核心，探讨价值链中的利益分配原则，以及影响利益分配的制度性和非制度性因素。后来，国内学者们开始了各种对价值链的讨论，包括对价值链概念和术语的讨论，如价值链、商品链、价值链网络、供应链等。与此同时，多学科的参与也丰富了价值链研究的理论、概念、方法和内涵。然而，迄今为止，我们发现仍然缺乏系统介绍价值链的分析方法和框架的研究。2014

年，有幸获得国家社科基金的支持，我开展了"全球价值链下少数民族地区林副产品贸易管理机制研究"。该研究延续了我对非木材林产品（non-timber forest products，NTFP）的关注，利用价值链的方法，探讨在全球化和商业化的过程中，少数民族群众参与价值链分配的过程和实践。

云南是世界生物多样性热点区域之一，也是全国少数民族最为集中的省份，同时还是相对比较贫困的地区。天然林保护工程和其他环境保护措施的实施对长期依赖森林的山区林农的经济产生了很大影响。近年来，随着林副产品的商业化开发，保护与发展的问题再次被放到了我们面前。这成为我们开展价值链研究的背景，因此我们将研究问题设定为"如何能通过有效的林副产品贸易管理，促进资源的可持续利用，加强生态文明建设，使山区林农参与到全球价值链的竞争中"。

本书是国家社科基金项目的主要成果，从项目结项到成书经历了一段时间。我曾考虑是否有必要出本书，因为我已经在国际期刊上发表了相当数量的关于价值链研究的 SCI 和 SSCI 文章。几经思考，我还是很希望能把价值链的方法和应用呈现给读者。以往的论文更多关注研究结果和研究发现，缺乏对价值链方法的系统性介绍，尤其缺乏对比较操作性和分析框架性的介绍。本书的出版得到了云南大学民族学与社会学学院的指导，在写作和出版过程中，我得到了领导和同事的大力支持与帮助，特别是何明教授、李志农教授、李晓斌教授以及朱敏老师等，他们在本书出版过程中给予了大力的支持。同时，本书的出版得到了云南省"兴滇英才支持计划"云岭学者的支持。在此一并致以衷心的感谢。由于时间紧迫，加之水平有限，本书中出现的错漏之处，敬请读者批评指正。

何俊
2024 年 立春

目　录

导　论

1　引言

自 1987 年世界环境与发展委员会提出可持续的概念以来，可持续发展已经成了 21 世纪人类发展的主题。《我们共同的未来》中提出的"既能满足我们现今的需求，又不损害子孙后代的利益，能满足他们的需求的发展模式"成为可持续发展概念的内涵，自那以后世界各国都在以不同的方式谋求可持续发展道路。

2015 年，联合国召开可持续发展峰会，通过了《变革我们的世界——2030 年可持续发展议程》，同时制定了可持续发展目标（SDG），并希望在 15 年内针对关键领域开展行动，其中包括人类（扶贫与平等）、地球（环境和资源保护）、繁荣（社会技术与自然的和谐发展）、和平（和平与公正）、伙伴（团结与稳定）。因此，可持续发展在环境要素、社会要素和经济要素三个方面有了新理念。

可持续发展概念的提出，源于在人口和财富不断增长的情况下，自然资源无法满足人类的需求，从而出现人与自然的矛盾，同时这种矛盾在威胁着子孙后代的生存。因此，可持续发展的根本原则是实现地球上自然资源的可持续发展，也就是要求在谋求人类经济发展的同时确保自然资源的可持续利用。

对于发展中国家来说，可持续发展尤为重要。一方面，为推动经济的高速发展以及解决粮食安全和贫困问题，发展中国家更趋向于利用其富有的自然资源开启和推动工业化与现代化的发展进程。另一方面，对自然资源的掠夺式使用带来了诸多的环境问题，如森林大幅减少、水体污染、生物多样性减少等；而这些环境问题反向地制约了经济的发展，导致贫困问题。因此，促进资源的永续利用，实现保护和发展的双赢才是可持续发展的必由之路。

林副产品的开发和利用一直被认为是实现可持续发展的重要手段之一。在森林大面积减少、原始森林遭到严重砍伐的今天，很多学者开始关注林副产品的开发，因为林副产品的开发和利用不但可以保护现有的森林，还能成为山区老百姓重要的经济来源。因此，林副产品的开发和利用得到了 FAO（联合国粮食及农业组织）、CIFOR（国际林业研究中心）、ICRAF（国际农用林研究中心）等多个国际组织的推动，同时受到了各国政府的关注。在中国，林下资源的利用、林副产品的开发、林下经济的发展越来越受到政府的重视。人们都希望通过林副产品的开发实现保护和发展的双赢，从而最终实现可持续发展。

然而，林副产品的开发并不一定能带来保护和发展的双赢。无序或者过度的开发可能带来资源的过度利用，从而影响森林生态系统的完整性和造成生物多样性的减少。同时，经济全球化和价值链的不完善也可能造成利益分配不均、农户收益较少等问题。因此，在政策和实践中继续研究林副产品价值链的问题以促进林副产品的可持续发展显得非常必要。

2　问题提出

在经济全球化的趋势下，我国山区的少数民族悄然地参与到了国际贸易的竞争中，利用生物多样丰富的优势，大量的野生珍稀林副产品，如松茸、块菌等正规模化地走向国际市场，远销日本、欧洲（Weckerle et al.，2010；Mortimer et al.，2012）。然而，在全球价值链的背景下，农户和当地商人是否得到了应有的收益，珍稀林副产品的商业化开发是否会带来资源的匮乏，是当今决策者十分关注的问题（Heubach et al.，2013；Choudhary et al.，2014）。

Belcher 和 Schreckenberg（2007）全面回顾了世界林副产品商业化开发

的状况和影响，发现商业化开发在一定程度上可以促进对森林的保护以及山区林农的增收，但开发的过程存在诸多问题。这些问题在国际学术界受到了广泛讨论，其核心包括两方面。

一方面是价值链生产环节的产权问题。Pandit 和 Thapa（2003）提出，林副产品产权不明晰，商业化开发后如同经济学理论中"公地的悲剧"（tragedy of commons），不可避免地会造成竞争性和掠夺性采集，威胁部分珍稀物种的可持续利用。他们建议明晰产权以促进有序利用。然而，Yeh（2000）发现，明晰林副产品的产权并非易事。在民族地区由于历史渊源，新的产权制度（尤其是个体制或私有制）可能带来更大的冲突，因此她建议实行以社区为基础的集体产权制度。然而，在实践中考虑到地域的复杂性，集体产权制度在操作上存在很大难度。

另一方面是价值链利润分配问题。Nuemann 和 Hirsch（2000）通过对全球的林副产品的研究发现，在商业化开发过程中，林农处于价值链的底层，往往无法获得应得的收益，而中间商由于掌握大量的信息和资金是最大获利者。他们建议减少中间环节以促进利润向林农流动。然而，Bista 和 Webb（2006）在对尼泊尔贫困山区的林副产品贸易的研究发现，在边远地区，中间商起着重要的贸易纽带作用，他们是林农与全球价值链相联系的重要桥梁。由于他们的存在，林副产品的开发成为可能。多数当地中间商仅仅获得了合理的利润，而大贸易商和公司得到了更多的收益，单纯减少中间环节可能对山区扶贫不利。因此，应该考虑对成本与利润进行分析，促进有效的市场管理。然而，Ribot（1998）提出，在进行价值链成本与利润分析的同时，更应分析价值链各节点决定利润分配的机制以及机制的形成和制定过程，以促进有效的贸易管理。

在国内，针对林副产品的研究大多集中在阐释其对山区扶贫的贡献以及开发潜力（如赵璟等，2009；李怡，2007；黄晓玲等，2002）上，也有研究综述了世界林副产品的发展趋势和战略，并提出国内值得借鉴的经验（如关百钧，1999；冯彩云，2002）。目前部分学者考虑到了市场因素与林副产品的关联，如尤文鹏等（2008）提出，森林认证可能会给林副产品开发带来潜力。苏建兰等（2010）采用逻辑回归模型分析了影响农户、中间商、经销商参与松茸经营活动的因素。然而，现有研究都未能清楚描述林副产品价值链的状况，也缺乏对价值链中各参与群体的成本与利润的分析以及利润分配机制的综合评估。对于民族地区的研究更是凤毛麟角。因此，无论是在政策上还是在理论上都急需开展对林副产品价值链的深入研究，以提出政策上的建议并做出理论上的贡献。本书以全球价值链为背景，通过多学科的方法对民族地区林副产品贸易开展深入剖析，探讨构建林副产品贸易管理体制的策略。

3　研究意义和创新点

云南是世界生物多样性的热点区域之一，也是全国少数民族最为集中的省份，同时还是相对比较贫困的地区。天然林保护工程和其他环境保护措施的实施对长期依赖森林的山区林农的经济产生了很大影响。近年来，随着林副产品的商业化开发，保护与发展的问题再次被放到了我们面前。如何能通过有效的林副产品贸易管理，促进资源的可持续利用，加强生态建设，使山区林农参与到全球价值链的竞争中是我们面临的重大挑战。本书的研究意义如下。

（1）在云南省政府提出发展高原特色农业的背景下，本书为决策部门提供林副产品可持续利用和贸易管理的政策建议，以促进林副产品产业的健康发展，推进高原特色农业战略的实施。

（2）探讨我国民族地区参与全球价值链竞争的途径和手段，提出促进贸易管理的建议，并探讨生物多样性丰富地区的林副产品开发策略。

（3）在理论上充实制度经济学和价值链在林副产品管理与贸易中的研究，丰富自然资源管理理论。

本书以全球价值链为背景，通过多学科的方法对我国民族地区林副产品贸易开展深入剖析，在理论上和方法上有如下三点创新之处。

（1）本书是率先应用价值链方法对林副产品贸易及管理机制进行全面解析的开拓性研究，提出了促进我国少数民族群众参与全球价值链的具体措施。

（2）理论上，本书利用多学科交叉的方法，把生态学、制度经济学以及人类学的方法结合起来，率先提出人们的经济活动受到正式和非正式的机制影响，民族文化因素往往影响人们的决策，理性抉择（rational-choice）并非指导经济活动的唯一机制。

（3）方法上，本书通过定性与定量相结合的方法，充实研究数据，超越以往价值链成本与利润分析的定量研究，通过挖掘利润分配背后的管理机制讨论如何改善价值链。

第一章 林副产品及其发展

1 引言

在过去十年中，对林副产品的开发已经风靡全球，它被认为是森林可持续发展的重点。许多林副产品具有重要的生活用途，并且只需较低的成本和简单的技术就可以加工利用。此外，这些产品往往生长于森林的轮休地和各种农林复合系统中，所以采集的成本较低，比较适合贫困农户用来解决食品安全和生计问题。林副产品的这些价值已经得到了公众的承认和保护。同时，在商业化的大背景下，有些林副产品的商业化采集带来了巨大的商业利益，为贫困农户带来了经济收入，而且在经济全球化的背景下为国家经济发展做出了重要的贡献。这些产品的商业化生产、加工和销售，无形中为改善当地就业和创收状况提供了潜在的机会。作为本书的背景，本章讨论林副产品的定义及林副产品在生态环境保护和经济发展中的作用，同时本章也将回顾林副产品在中国的发展和研究状况。

2 林副产品的定义

1983 年，在中国植物学会成立 50 周年年会上，我国著名的植物学家吴征镒教授把植物资源定义为一切有用植物的总和（转引自戴宝合，2003）。而林下植物资源和林下产品是近年来林业生产与生物创新工作实践中被广泛使用的概念。林下植物资源是指生长在森林林分主林层或乔木层以下，对人类直接或间接有用的森林植物的总称（FAO，1999）。而林下产品则是指被人们直接利用或通过加工利用的林下植物资源的一部分，如叶、花、果、嫩尖、子实体等（董敏等，2017）。

在很长一段时间内，林下植物资源基本上处于非栽培或无目的栽培状态，在天然林中主要指除可用于木材生产的乔木层以外的其他植物资源，在人工林中主要指非人工培育的自然产生的植物资源（吕星等，2007；沈茂英、许金华，2016）。目前，人们对林下植物资源的生物学、生态学特性，以及人工培育和合理利用技术还缺乏了解或掌握不够。因此，林下植物资源的开发利用尚处于初级阶段，林下产品也多为初级产品（董敏等，2017）。

在全世界范围内，林下植物资源或林下产品曾经有过多个术语。在中国，过去一直用"林副产品"（minor forest products）来称呼森林里除木材以外的其他产品，也曾经有人把其翻译为森林小产品（Xu，2000），以强调其在经济价值和物理特性上与木材的区别。近年来，在联合国粮食及农业组织和国际林业研究中心的推动下，这一术语逐渐统一为"非木材林产品"或"非木质林产品"（non-wood forest products）。目前，这两个术语在全世界范围内被广泛使用，许多国际组织、研究机构和科研人员交叉性地使用这两个术语，但其实二者从技术角度上看存在一定的区别。

为此，联合国粮食及农业组织为在全球范围内协调不同的定义，以期评估非木质林产品的重要性及其相对于木材的作用，给出了木材（timber）和木质（wood）如下所示的严格的区别。

- 木质：树木和植物的茎、枝与根，具有木质化、疏导水分、加固和存储纤维的特征。
- 木材：应用于大型建设的、被锯成指定宽度和厚度的木头，不包括薪材、用于雕刻和造纸的木头以及小径材。

然而，国际林业研究中心的观点则考虑了森林资源的状况和人们利用的方法，以呈现这类资源在世界范围内对山区贫困人口生计的贡献。由于侧重点的不同，非木质林产品和非木材林产品的定义存在差别，联合国粮食及农业组织在 1999 年将非木质林产品定义为衍生于森林、森林地带以及森林以外的树木的所有生物产品,但不包括木质化的产品。而国际林业研究中心在 2003 年对非木材林产品的定义则是由森林产生的除木材之外的所有其他产品和服务。

这两大国际机构所采用的不同术语和定义反映了人们对林副产品的思想、假设和兴趣的多样性,也反映了目前这个领域存在的争议。目前针对林副产品定义的争议主要体现在如表 1-1 所示的四个方面。

表 1-1　定义林副产品的四个关键因素

定义的因素	相关描述
产品或服务的本质	是否应该把所有木质化的原材料以及产品排除在外;是否应该包括动物产品以及森林提供的各种效应和服务
产品或服务的来源地	是否应该包括来自人工林、草地、海洋以及其他生态环境的产品
产品生产/制造的本质	是否应该包括人工种植的产品,或者只限于野生产品
生产/制造的规模	是否包括来自大规模资金投资或者说工业规模的种植园的产品

资料来源:董敏等,2017。

因此,由于观点和兴趣的不同,人们很难在林副产品定义以及分类上达成共识。但对于具体的研究和讨论,我们必须对林副产品的定义有一个清晰的认识。在本书中,从国内实际情况出发,笔者使用林副产品这个术语作为一个广泛的定义,包括非木材林产品和非木质林产品,泛指从森林里采集的,以森林生态系统附属生长的,且除木材和动物以外的,所有可以商品化的生物,包括野生菌、药材、花卉、野果、蜂蜜,以及工业用的树脂、橡胶、染料等资源。使用林副产品这个广泛的定义有助于我们更深入地了解林下植物资源产品化的过程及其对森林生态系统和农村生计发展的作用。

3　林副产品的发展及其问题

目前,在全世界林副产品的发展研究方面,人们并非仅仅考虑林副产品在经济方面的贡献，而是将目标提高到了环境保护。研究发现，在森林面积大幅减少的情况下，我们必须寻找到林业中的替代型经济发展模式。所以，致力于森林发展和保护的研究者与决策者提出，提高森林的经济和商业价值成为保护森林主要的动机，以防止林地转化为其他土地利用形式（He，2010）。林副产品的开发是诸多经济发展选择中的一项。因此，在过去十年中，越来越多的人在全世界从不同角度推动林副产品的开发。

在中国，随着天然林保护工程的实施以及市场经济改革的深入，林副产品在当地社区发展中的作用已被认可。虽然目前对林副产品作为一种特别的生计来源的研究非常有限，但是林副产品对当地改善民生和减少木材采伐的意义已被广泛认同（董敏等，2017）。例如在云南，作为实施天然林保护工程以及其他环保项目（如建立国家公园和自然保护区）的主要地区，在农村社区发展中，尤其是以林为生计的地区，林副产品的商业化变得越来越重要。因此，大多数学者、林业工作者和政策制定者都主张推广林副产品管理作为一种创新型的森林管理策略。

目前，有一种说法是采摘林副产品不会破坏森林的功能和结构。因此，林副产品被当地人民认为是最具经济价值的产品，还有可能成为调和生态系统的经济、文化和生态价值的发展战略的基础（Neumann and Hirsch，2000）。然而，现实并非如此简单，在不同的政治经济文化环境下，林副产品的开发与保护具有现实的复杂性（Belcher and Schreckenberg，2007）。

已有的研究过分强调林副产品的商业价值，而对政策和市场的干预对环境与当地人民可能产生的负面影响这一问题往往关注得较少（Weckerle et al.，2010）。一方面，建立国家公园和自然保护区以及实施天然林保护工程必然会改变当地的资源管理模式，这可能会破坏传统的管理模式。其结果是，在大多数情况下，林副产品的管理在法律上存在权属不清的问题（Ribot，1998）。在大多数国家和地区，由于立法的原因，贫困的、以森林为生的山区人口没有木材的采伐权和利用权，但拥有林副产品的采集权和利用权（Choudhary et al.，2014）。无论是资源保护还是经济发展，都必须注意到这部分弱势群体。林副产品除了被低估了价值和潜力之外，相对于木材、矿物资源或者农产品来说并没有什么优势。这让我们重新认识到问题的关键并不是木材或非木材、木质或非木质，而是改善生计的关键在于森林的权属和对资源的控制，以在可持续利用的基础上达到资源保护和经济发展的目标（Peluso，2023）。目前没有充足的法规或条例来支撑对林副产品资源进行执法。因此，在这种情况下，由于市场力量的推动，对林副产品的过度采摘成为一个不可避免的普遍存在的现象。这可能会导致林副产品资源的减少，甚至最终破坏生物多样性（Weckerle et al.，2010；Yeh，2000；He，2010；苏建兰等，2010）。

另一方面，林副产品的商业化和全球化往往涉及其交易的各种利益相关者，不论是在地方、区域，还是在国家和全球层面都会涉及各种利益相关者。但是，目前仅有极少数的研究关注公平交易和公正的问题（He，2010）。在某些情况下，中间商通常作为交易的桥梁负责购买、运输和销售林副产品，他们可能像寄生在价值链上的中介机构一样，从中赚取了不合理的过多利润（Bista and Webb，2006）。因此，通过林副产品商业化来促进当地经济发展和可持续森林管理的想法应该被重新审视。

在这里我们要提出的问题是，在市场化和全球化的背景下，当地社区、林副产品采集者和社区小组是如何应对这种不确定性和风险的，从而形成有效的策略，以扩大林副产品的采集范围，确保其可持续性，及其对发展和资源保护的价值。因此，开展经济和社会责任方面的研究是很有必要的。

4　中国林副产品管理研究

对于中国的林副产品管理的研究，实际上是与林业管理研究结合起来的。传统意义上，林副产品仅用于自我消费或者物物交换，仅有很少量的用于销售。即使在 1949 年新中国成立后，林副产品也尚未大规模地商业化。因此，在 1949 年至 1957 年，为满足工业、农业以及国家基础设施建设的发展要求，林业管理和木材生产成了重中之重（He et al.，2014a）。可是，当时几乎没有关于林副产品的研究。

真正对林副产品进行研究是从 20 世纪 80 年代开始的，因为商品经济为林副产品更灵活交易提供了空间（He，2002）。林副产品商业化的附加值引起了农林学者们和经济学家们的高度重视。正如董敏等（2017）所指出的，林副产品最初被视为"森林小产品"或"林下产品"。由于这一观点，当时所有的林业政策都只关注"森林"（树和野生动物），并没有过多地强调林副产品。因此，虽然"无形产品"已经被"发现"，但是林副产品仍然被林业部门视为"附属的产品"（He，2002；董敏等，2017）。这意味着不论是在经济价值上还是在生态价值上，林副产品都只属于"次要"的产品、林业产业的附加产品，处于次要地位。

有关林副产品在改革开放初期的研究主要侧重于林副产品贸易在经济发展中的新市场，而对于林副产品环境方面的问题却关注得很少，这些研究大多是由林业部门工作人员和经济学家主导的。后来，He（2002）指出，随着林副产品的市场价值逐渐被发现，一些林业学者开始使用 FAO 关于非木材林产品和非木质林产品的说法。通过这些努力，林副产品这个词于 20 世纪 90 年代初开始用于学术上，这大大增强了林副产品在森林管理中的重要性。

在过去的几十年中，林副产品被当地人视作特殊且重要的林产品，然而那时环境问题就接踵而至了，尤其是过度砍伐森林、荒漠化，以及在长江中下游发生的特大洪灾，引起了人们对森林生态的重视。与此同时，深入的经济结构改革和开放市场大大增加了林副产品的价值。因此，作为利用森林资源的备选方案，出现了大量的有关林副产品的利用和发展的研究。

在如今环保问题受到越来越多的重视后，研究者们意识到林副产品对居住在山区的当地人来说是非常重要的，因为这是满足他们日常生活需求的唯一产品（Xu，2000；He，2002；Wang et al.，2001；Rijsoot and He，2001）。此外，在国家和区域层面，正如 Rijsoot 和 He（2001）所强调的，林副产品在出口和工业化中发挥了显著的作用。

由于云南丰富的自然资源，有关林副产品的研究在云南省是较多的。所进行的研究不仅涉及扶贫项目、社区发展、资源管理，还有林副产品对提高当地人民生活水平、促进区域经济发展以及保护森林的意义（Xu，

2000；He，2002；Wang et al.，2001；Xuan，2001；Rijsoot and He，2001）。这些研究尤其强调的是，在当地实施天然林保护工程，以及建立自然保护区和开展环保项目之后，林副产品的作用就显得越来越大了。与此同时，研究者们还发现，在商业化和全球化的背景下，有关环境、社会和经济领域对于林副产品的利用还存在一些问题。

Xuan（2001）认为，随着林副产品经济价值的体现，这将有可能引发对其的过度利用。更多的学者指出，对林副产品的过度利用可能会破坏森林的结构和功能，最终导致森林资源的枯竭（Rijsoot and He，2001；He et al.，2014a）。研究发现，对林副产品过度利用的原因很多，其中最重要的很可能是其不清晰的权属关系，特别是在国家公园和自然保护区之内林副产品往往没有清晰的权属关系（He et al.，2014b）。另外，某些林副产品的巨大经济价值，也是大家争相采摘的诱因，如虫草、重楼等。与此同时，He 等（2001）指出，那些过度利用的地区都是对林副产品管理不善和地方机构管理较为薄弱的地区。在这种情况下，一旦出现对林副产品的过度采摘和利用，便会对生物多样性和可持续林业管理造成严重的影响。Zhang 等（2001）指出，由于市场的干预，林副产品的利用可能会导致社会问题，比如发生冲突，甚至对林副产品的过度暴力采摘等。这样的事件在松茸和虫草的采集上曾有发生（He，2010）。因此，如果没有良好的管理体制，林副产品的商业化可能会导致社会和环境的不可持续发展。

同时，学者们还观察到一些有关林副产品在商业化过程中出现的经济方面的问题。Zhang 等（2001）指出，在某些情况下，由于林副产品的品种限制，当地人民可能非常依赖某几个特定的品种，然后将其大量采摘利用，这就破坏了林副产品贸易和生产的多元化。但是，对某几个品种的过度利用是不可避免的。而且，偏远山区往往信息闭塞，这就制约了其在林副产品多样化营销中的发展，也限制了当地居民在贸易中的议价能力。此外，林副产品交易的各利益相关者（中间商、出口公司、运输商等）的参与，都有可能限制该地区的经济利益的增加。

5　林副产品发展中的市场与政府角色

在林副产品的发展过程中，市场与政府通常被视为两大关键推动力量。经济学为破解某一主体在发展中居于主导地位所产生的局限性提供了理论工具，这些局限性通常被称为"市场失灵"或"政府失灵"。市场失灵指的是个体在纯粹追求自身利益时，导致某些理想的经济条件无法达成，从而阻碍市场的有效运作。在自然资源管理中，市场失灵可能造成利益分配不公或自然资源的过度开发。与此相对，政府在资源配置中若采取高度集中的管理方式，可能压制市场机制的作用，降低配置效率，这被称为政府失灵。因此，如何平衡市场与政府在资源治理中的角色，是自然资源管理中的核心议题。本节旨在探讨市场机制与政策干预之间的张力及其现实影响。

5.1　市场结构

自由市场的改革可为林副产品创造更多选择和发展机会，推动其向资源替代品方向演进，提高其价值并拓展其用途。然而，尽管中国农村市场经历了几十年的发展，但市场的发育程度与组织化水平仍然有限。已有研究指出，林副产品市场的结构在产品流通组织方面呈现明显的等级化特征，反映出多个方面的制度性不足。

（1）信息流

在以野生菌为例的林副产品营销中，信息流至关重要，因为大多数野生菌必须新鲜以保持其品质。良好的信息流不仅能增强当地农民的议价能力，更重要的是能指导他们的采集实践。现有研究表明，农户在获得当地信息的过程中存在巨大障碍。在大多数情况下，野生菌采集者从中间商处获取价格信息，而这些中间商难以提供时效性强、透明度高的信息。通常只有这些中间商来村庄采购野生菌的时候，农户才能获得相关最新的信息。当产品价值较高时，情况则有所不同。例如，松茸作为高价值产品，其采集者尽管地处偏远地区，却能够获得关于市场和价格方面最为及时的信息。这主要得益于当地中间商之间的激烈竞争，加快了松茸营销中的信息流通。然而，对于市场价值较低的野生菌，由于市场竞争不足，信息更新较为缓慢。当前野生菌市场的结构，虽然为野生菌商业化发展提供了一定潜在机会，但在增强信息的可获得性方面仍显不足。与此同时，尽管野生菌在宏观和微观经济中都具有重要作用，政府部门在改进信息传播方式上却鲜有投入，导致信息流通问题未能得到有效解决。

（2）市场监控与质量控制

显然，世界上并不存在完全自由的市场。所有市场在一定程度上都需要监管和控制。一个受监管的市场不仅有助于实现利益的合理分配，还能有效打击非法交易，并强化产品质量管理。对于野生动植物的交易而言，监管与监测机制对于确保采集行为的可持续性尤为关键。然而，现有研究表明，在以林副产品为主的野生植物市场中，尚未建立起完善的监测系统来支持可持续采集、打击非法交易及实施有效的质量控制。以松茸为例，尽管相关法规明确禁止采集与交易未成熟的松茸，但由于执法不力，"非法销售"的现象在野生菌交易的各个环节仍普遍存在。监管执行的不足带来了双重后果：一方面未能有效保障野生资源的可持续利用；另一方面削弱了对产品质量的把控，从而损害了林副产品在国内外市场中的声誉。

（3）价值链中的附加值

随着人们对健康的关注度日益提升，以及全球对有机食品需求的不断增长，野生菌近年来日渐受到青睐。野生菌贸易主要沿着一条线性而复杂的价值链展开：从偏远山区的采集起步，经过运输，最终进入城市市场乃至国际市场。然而，现有研究表明，野生菌几乎全部以原材料形式进行交易，缺乏任何形式的增值加工。尤其是在价值链的低端，诸如加工、包装等附加环节几乎完全缺失。其结果是，大量野生菌虽然实现了出口，但对地方及区域经济的带动作用相当有限。这种价值链结构使得地方只能通过原材料采集和初级贸易获得微薄收益，难以真正分享野生菌产业链中更高层次的价值。

5.2 中间商与利益分配

关于中间商或"中介人"的研究是一个长期存在的议题，相关分析多聚焦于价值链研究，以探讨产品流通路径及利益如何分配。过去，农村市场中的中间商常被视为"寄生性"角色，通过牺牲农民利益来积累财富。这一认知引发了全球范围内关于如何解决农村生计困境的广泛讨论。因此，一些项目开始尝试去除中间商、减少中间环节，以缩短商品链条并提高农民收入。

然而，针对野生菌价值链中利益分配机制的实证研究仍较为匮乏。通过结合定量与定性方法，价值链研究可以从纵向（不同环节）与横向（同一环节内部）两个维度分析收入、利润及其分配情况。已有研究发现，这两个维度上的收入分配状况存在显著差异。此外，部分研究表明，中间商并不总是"寄生虫"，他们在不同层级间的收入差异显著，甚至在同一层级之间，收入分布也高度不均。

对市场中各类参与者的深入分析表明，将商人一概而论为中间商，在价值链分析中反而会带来更多问题。商人在收益水平、功能定位、与其他社会行为者的关系乃至其社会身份等方面均呈现高度多样性。因此，中间商这一概念本身就是值得质疑的。部分商人的收入仅略高于温饱线，甚至负债经营。一些研究指出，价值链中处于较高层级的商人往往能垄断市场，从而攫取更多利益。部分公司凭借对出口环节的控制权，掌握出口配额和许可证，主导出口市场并获取最高利润。

因此，将中间商视为一个同质化的概念，简单地将其视为采集者与消费者之间的商人，不仅过于粗略，也无法真实反映实际的交易结构。事实上，价值链中的商人是多样化的，呈现显著的异质性。在林副产品的商业化与全球化进程中，一些商人扮演着关键角色：他们不仅传递市场信息，还承担信贷职能，充当各市场主体之间的纽带。这种角色往往无法被其他社会行为者替代。因此，在考虑简化价值链、减少中间环节时，需持审慎态度。要实现更公平的利益分配，单靠增强市场竞争力远远不够，急需政府的适度干预，以提高市场透明度，确保各方在交易中获得相对公平的回报。

5.3　"看不见的手"与"看得见的脚"

由于市场机制通过价格调节在资源配置中具有提升效率的作用，它常被形象地称为"看不见的手"。这一"看不见的手"通过市场主体间的相互作用，自动协调供需关系，使个体在追求自身利益的过程中，也在无意中促进了社会整体利益的实现。与之对应的"看得见的脚"则指的是政府在资源分配和供需管理中所扮演的直接干预角色。这一概念用来强调政府通过行政手段、政策工具等非市场机制参与经济运行。通常，我们将这两个概念用来描述经济发展过程中市场机制与政府干预之间的关系。然而，在许多经济学家的观点中，"看不见的手"代表自由竞争的市场，而"看得见的脚"则象征政府对市场的过度干预。

在以野生菌为主的林副产品乡村市场的发展中，这两种力量同样并存。一方面，野生菌贸易的价值链在很大程度上依赖"看不见的手"的作用，市场竞争使交易商、农户和企业根据价格与产品质量获取各自的利润；另一方面，"看得见的脚"则通过交易许可证、税费制度与配额机制等手段介入，参与并塑造价值链的运作逻辑。

以松茸贸易为例，从地方到省级的交易过程涉及超过五项不同的税费。这增加了松茸商业化的障碍，而且这些税费很少被返还或再投资于松茸资源的保护和管理。加之松茸采集地通常位于偏远山区，所谓的"采摘和交易许可证"在推动可持续采集方面几乎未见成效，反而加剧了交易环节的复杂性与增加了成本。此外，出口权和许可证的集中控制，也在很大程度上抑制了市场竞争，形成了事实上的垄断局面。类似地，在其他野生菌的贸易中，地方政府往往更关注建立税收体系，而非增强市场监管能力或促进市场竞争。

正如一名经济学家所言："当'脚'与'手'相斗时，'手'不太可能获胜。"尽管"看得见的脚"在市场监管与秩序维护方面发挥着一定作用，但其过度干预不仅无助于林副产品的可持续管理，反而可能产生适得其反的效果。

5.4　森林权属与林副产品

在关于林副产品的科学研究和分析中，研究者认为，导致过度采集的众多原因中，森林产权是最关键的因素。强化森林产权和使用权被视为改善长期可持续管理和采集模式的关键。从正式法律角度来看，中国的森林产权制度在过去40多年间经历了从集体化到去集体化（林权到户）的重大变革。自改革以来，中国的林业部门在国家林（国有林）、集体林和日益增多的私有林之间保持了明确区分。国有林隶属于中央、省、市和县级政府，而集体林由乡镇、行政村和自然村管理。村集体既拥有集体林的使用权也拥有所有权，而各级政府则拥有国有林的所有权。

尽管森林产权制度对树木的所有权做出了明确界定，但现行的产权登记体系并未清晰规定林副产品的产权归属。因此，在实际操作中，林副产品往往处于产权模糊和开放获取的状态，几乎任何人都可自由进入森林采集资源，且采集量不受限制。这种制度缺失已造成普遍的过度采集和资源产量下降。

现有研究表明，随着商业化采摘的推进，野生菌等林副产品与森林资源一并遭受不同程度的退化。市场机会的增多与经济利益的驱动加剧了资源开采的强度。而由于缺乏明确的政策指导或长期参与资源治理的机制，实现林副产品的可持续管理变得越发困难。产权的不确定性不仅引发过度采集，还助长了短期、机会主义式的采集与交易行为。在这一背景下，农民普遍认为，当前的核心问题已不再是"谁拥有森林及其产品"，而是"谁持有合法的书面采集许可与拥有采集权"，从而对资源获取进行有效控制。

随着人们逐步认识到林副产品的经济潜力及价值，林业发展正从以木材为主导转向更加重视林副产品的采集。尤其是在当前采伐权受到限制的情况下，林副产品承受着越来越大的资源压力，明确森林资源及其附属产品的产权变得尤为迫切。

在缺乏明确法律框架和产权安排的情形下，林副产品在许多地区事实上仍是一种开放获取的资源，这不可避免地会引发激烈竞争，导致资源退化及相关的社会问题。由于林副产品种类繁多，国家政策难以为其建立统一而清晰的产权制度。因此，为应对这一挑战，需推动更为简政放权的资源管理机制，加强地方的使用权保障，激励地方进行长期投资并积极参与林副产品的可持续管理。

5.5 地方集体行动的重要性

随着林副产品商业化进程的加快，森林产权体系变得多样化，这导致资源使用和森林准入方面的竞争与冲突不断加剧。林副产品资源日益增大的压力威胁到了它们的长期可持续性。在缺乏正式产权制度和管理的情况下，全球社会认识到集体行动在林副产品可持续管理中的重要作用。

以松茸为例，研究表明，地方层面的集体行动可通过制度化的安排，防止资源退化。这种制度化的安排不仅涵盖了资源在空间和时间上的准入规则，还包括规则的制定、执行、修订与监督机制。在这一过程中，地方对市场的调控能力被认为是推动松茸可持续管理市场化的关键因素。集体行动可被定义为"一个群体（直接或通过组织代表）为实现成员所认同的共同利益而采取的行动"，因而其所制定的规则更易于被成员遵守和执行。

这种地方集体行动，无论是通过自我治理还是联合管理实践，都为调节资源过度利用提供了有效机制。它不仅有助于实现资源的可持续利用，还推动了更加包容的资源治理。地方集体行动通过建立具有当地适应性和情境化的制度安排，有效弥补了现有森林产权制度的不足。一方面，此类制度将资源使用权赋予地方，激发其在资源采集与经济发展方面的积极性；另一方面，它还引入了一种新型产权体系，以遏制当地资源的过度开发。这些由地方自主设计的规则与制度具有适应性、问责性与可调整性，能够动态发展以应对变化的环境与需求。

然而，研究表明，目前多数野生菌品种仍缺乏系统性制度来规范非可持续采集行为。加强地方层面对森林资源的管理与控制，是推动集体行动以实现农村可持续发展的关键路径。这类包容性和参与性的治理模式需要依托对分权改革的持续投入，如此才能回应多样化的农村群体需求，并推动社会、文化与经济状况的改善。

尤其是在构建多类型产权制度的过程中，应纳入对资源的空间和时间维度的考量，而非仅以地理边界或产权归属为基础，如此才能更有效地管理林副产品。通过建立明确的地方制度与准入机制，可有效削弱全球化与商业化带来的负面影响。基于对地方传统的尊重与参与式治理方法，联合管理与当地制度构建已成为政府推动实施资源治理战略的重要机制。

5.6　林副产品认证的漫长道路

林副产品认证被视为实现中国西南地区经济发展与环境保护双重目标的一种潜在路径。对来源于管理良好的森林与农林复合景观的林副产品的市场需求正逐步上升。全球经验表明，小农户和采集者已从相关认证中获益良多，而中国西南地区的农户也有望参与其中并从中获益。

目前，全球主要的林副产品认证体系包括有机农产品认证、公平贸易认证以及可持续森林管理认证，如森林管理委员会（Forest Stewardship Council，FSC）认证。虽然 FSC 认证被广泛认为是最符合森林产品"自然"特性的认证方式，但它的评估流程复杂、成本较高，获得门槛也相对较高。此外，即便获得 FSC 认证，林副产品在市场上的认可度和销售表现也可能不如获得其他认证的产品，因为多数消费者对 FSC 认证的了解有限。

实践中尚未发现任何野生菌产品获得认证，这说明林副产品认证在中国仍是一个尚待探索的重要议题。其他国家的经验显示，有机农业运动往往是由农民自发推动的（尤其是在初期阶段）；而在中国，有机食品生产最初是由政府控制的国有企业组织和实施的。尽管如今这些企业多数已被私营公司接管，但在中国西南地区，小农户与小企业仍需政府提供更多支持才能克服进入中国乃至国际有机食品市场的诸多障碍。

整合现有认证体系（如有机农产品认证、公平贸易认证与可持续森林管理认证）被认为是一种更具可行性的路径。这三种认证体系正逐步朝着更加综合的方向发展，将生态、社会与经济要素纳入认证标准之中，三者之间的重叠日益增多。林副产品在其中扮演关键角色，因为它们理论上适用于上述任一认证体系。

为源自森林与农田的产品建立品牌、强化与消费者的联结并建立信任关系，是未来需要探索的重要方向。在此过程中，仅提供能力建设支持或推动认证与替代营销策略仍显不足。林副产品应同其他商品一样获得政府的正式承认与监管，其使用权制度也亟待优化。

同时，科研机构应加大对林副产品生态特性、长期再生能力及可持续管理策略的研究投入力度。提升消费者的认知水平，并与商业部门建立创新伙伴关系也至关重要，例如发展有效的公私合作机制与企业社会责任模式等。

6 云南林副产品发展状况

云南省因其高原农业和相对保存完好的稀有宝贵森林资源而在中国西南地区具有重要意义。然而，从 1949 年到 1957 年，为满足工业发展和国家基础设施建设的需求，政府最关注的是木材采伐，这导致了对长期森林管理的忽视，引发了过度利用和不可持续的采伐（Xu et al.，2007）。作为中国主要的森林地区之一，云南省曾是大量木材的供应地。与此同时，在那个时期，非木质森林产品的使用和商业重要性大多被忽视，在很大程度上只在当地市场发挥作用，并在困境时成为社区的备用产品。

随着《自然林保护计划》（NFPP）的实施，NTFP 在社区发展中被认为是额外的收入来源。对单一种类的 NTFP 进行的研究有限，因为它们通常被归类为"额外家庭收入"。然而，NTFP 在改善当地生计以及减轻重型伐木压力方面的重要性已被广泛认可。云南作为 NFPP 和其他环境保护项目的主要实施地区，商业化的 NTFP 采伐对农村社区发展变得越来越重要，特别是在为它们提供为数不多的现金收入来源的地方，即在靠近保护区的森林依赖型社区中（He，2002）。因此，许多学者、更为进步的林业专业人士以及政策制定者都主张可持续利用，有时甚至扩大 NTFP 采伐作为替代森林管理策略的范围。

从经济角度来看，即使没有长期的官方统计数据和村级数据，林副产品对经济也有所贡献，通常在现金收入生成中起到重要作用。例如，在 2002~2005 年，食用蘑菇已经以超过 23000 公吨的水平出口到日本、欧洲和美国，为云南省赚取了超过 1.93 亿美元。除了蘑菇之外，云南森林中的其他产品，如树脂、竹笋、草药等，也是重要的林副产品提取物，它们在当地、国内或国际市场上销售。

由于得天独厚的生物资源，云南是林副产品发展最为迅速的省份之一。尤其是其特有的野生菌资源，不但是其旅游开发的重要产品，同时更是销往世界各地的重要出口产品。表 1-2 展示了云南几个野生菌资源及其加工产品自 2011 年到 2015 年的出口量和创汇情况。显而易见的是大部分年份云南野生菌的创汇超过 10 亿美元。在这个巨大的经济前景和潜力下，研究云南林副产品，尤其是野生菌的可持续管理也就显得尤为重要。

表 1-2　云南野生菌产业出口量和创汇情况

		2011 年	2012 年	2013 年	2014 年	2015 年
鲜菌	出口量（吨）	2402.9	1113.5	3210.2	1363.5	3197.3
	创汇（万美元）	61405	26290	41577	36691	31300
冰冻	出口量（吨）	100.1	17.1	4984.4	3083.9	3774
	创汇（万美元）	1783	297	29463	19452	20190
盐渍	出口量（吨）	3154.9	1132.7	2088.1	3103.3	2377.8
	创汇（万美元）	17256	6565	11439	17141	14490
干菌	出口量（吨）	1381.6	725.2	1919.6	1435.2	1510.8
	创汇（万美元）	39803	16346	40772	33394	29450
罐装菌	出口量（吨）	878.1	99.9	82.8	470.2	6.7
	创汇（万美元）	2473	828	2193	2779	280
其他	出口量（吨）	0	0	4.2	3.8	0
	创汇（万美元）	0	0	32	30	0
合计	出口量（吨）	7917.6	3088.4	12289.3	9459.9	10866.6
	创汇（万美元）	122720	50326	125476	109487	95710

资料来源：昆明海关。

巨大的产业前景引起了政府的关注。省级和国家级的森林部门对 NTFP 的潜力有了更深刻的认识，并意识到在适当的环境保护措施下，贸易价值可能会增加；同时，NTFP 的生存价值对生活在山地森林中的当地居民非常重要，因为它们通常是唯一能提供日常温饱服务和现金收入的产品（Rijsoot and He，2001）。此外，正如 Rijsoot 和 He（2001）所强调的，从国家和地区层面来看，野生菌作为出口商品在国际贸易中发挥着重要作用。换句话说，NTFP 的发展不仅可以提高当地人民或依赖森林的社区的生活水平，还可以通过当地加工和改进家庭工业，在农村和半城市地区增加就业机会。在某些情况下，人们甚至已经认识到有些 NTFP 比木材更有价值，例如，松茸的采集（He，2010；He et al.，2014a）。在扶贫和社区发展计划的支持下，专注于可持续 NTFP 管理和采伐的发展举措已在农村地区得到广泛实施，对生计和环境产生积极影响。

然而，随着经济发展，过度使用林副产品的激励也存在（He，2002）。过度采伐经常发生在 NTFP 管理不善、地方制度安排薄弱或社区领导力不足的地方。NTFP 的过度采伐还可能破坏森林的结构和功能，最终导致森林资源的枯竭（Rijsoot and He，2001）。由于对需求的认识不足，以及微气候的共生关系和依赖关系，物种可能会灭绝，这在管理策略实施之前肯定需要进行更深入的研究。在这种情况下，与提供可持续森林管理的替代方式相比，NTFP 的采集可能会对生物多样性和可持续林业管理产生严重负面影响，导致过度采伐，有时甚至导致物种灭绝。

7 结语

总而言之，在对中国林副产品的研究中，由关注经济价值和社会角色开始，最终都扩展到了社会和生态学方面。同时，随着调查研究的深入，术语也逐渐成熟。然而，无论是先前的研究还是当下的，一般都集中在林副产品对地方经济发展和扶贫方面的作用。虽然，一些研究者发现，不清晰的权属关系、竞争性的采摘、受限制的市场渠道等因素都会导致对林副产品利用的不可持续发展，但是在社会、环境和经济方面，这些研究是很有限的。也有少数研究者指出在农村社区层面，林副产品管理模式具有复杂性。此外，从林副产品的市场来看，这些有限的研究过分强调当地社区这个层面，这不能充分地体现出宏观层面的林副产品交易。尤其要说的是，目前没有一个对林副产品的研究是运用价值链分析方法在地区、国家以及区域内开展实地研究的。因此，在接下来的章节中，我们将在理论层面探讨价值链的分析方法。

第二章　价值链的研究理论和框架

1　引言

随着商业化和商品化进程的加快，对于鉴别潜在的机会和现有的经济体制问题来说，商品流通的轨迹等议题备受经济学家和社会学家的关注。本研究旨在通过价值链分析，了解一个商品的交易是如何并通过谁，从生产环节到最终消费者的。近年来，对于价值链方法，人类学家感兴趣的是每个链如何被有序地安排，以及市场参与者的经济行为，以此分析这样的市场渠道是如何以及被谁操作的。价值链已经是一个有用的方法来了解谁获益最多，他们是如何受益的，以及利益分配的模式是如何被改变的。

本章利用政治生态学和人类学概念，对涉及价值链分析的四个问题进行讨论。首先，我们将阐述价值链分析的理论，为价值链的研究方法提供一个理论背景。其次，运用政治生态学概念来讨论价值链中的"利益获取"（access）概念在研究价值链中的运用。再次，对价值链分析中的市场机制进行阐述。最后，在基于理论和概念的讨论后，笔者将构建本研究的概念性框架以指导研究。

2　价值链分析的理论背景

在经济学研究的初期，经济人类学家对社会关系在经济学方面的理解做出了很大的贡献（如斯科特的"道德经济"的概念），这是基于人类的经济活动取决于人们的社会关系和其所在的经济体制，他们的经济决定往往往会出于非经济因素的考虑，而非单纯的经济合理性（Fujimoto，1983）。然而，经济学研究仍然以两个理论争议为主："形式主义"者认为新古典经济理论的基本制度适用于所有人类社会；"实体主义"者却认为，每一个社会根据每一个具体的文化基础而产生的不同的经济合理性系统运行（Clammer，1993；Lubasz，1992；Dilley，1992）。

一般来说，价值链作为经济体系的一部分被定义为："商品及其要素收获通过生产到终端使用而形成的一系列的连锁交换形式。"（Ribot，1998）因此，价值链的研究会不可避免地涉及"形式主义"和"实体主义"理论之间的争议。一方面，市场经济研究者在学术上愿意使用的术语是"营销渠道"而不是"价值链"，他们基于产业组织理论和价格机制来解释卖家和买家在社会经济活动中的关系（Achrol et al.，1983）。就这点而言，正如 Tulley（2000）所说，组织理论认为，市场的结构形式（公司的数量和密度以及产品的差异）决定市场行为（经济参与者的经济行为）并导致最终的市场交易。因此，从这个角度来看，类似于新古典主义模式的市场和"形式主义"的观点认为，经济参与者的经济行为在很大程度上脱离于社会和文化环境（Le Billon，2000；Ribot，1998；Tulley，2000）。

另一方面，该方法却遭到了非西方社会人类学家的批评。他们指出，生产和交换在不同的社会与文化环境中是有序组织的（Tulley，2000）。与组织理论的观点相反，利用市场结构和价格机制是不容易预测经济参与者的经济行为的。相反，人类学家认为这些参与者的经济行为并非基于价格机制，他们创建了适合于当地市场的制度并构建了具有文化意义的经济行为（Dilley，1992；Tulley，2000）。

因此，从人类学的角度用 Gereffi 和 Korzeniewicz（1994）给出的定义来理解价值链就非常有用了。根据他们的定义，价值链是由参与者网络"聚集在一起而形成的一类商品与特定环境、社会构建及当地融合，以及社会嵌入的经济组织"。从这个角度而言，价值链不仅受经济理性约束，而且受大量社会关系和文化的约束（Ribot，1998；Fan and He，2024；Le Billon，2000）。因而这个定义有助于从社会、文化和经济维度对价值链进行更好的阐释，而不是在经济理性和文化道德之间的二分法中彷徨。

　　然而，Le Billon（2000）认为，主流价值链分析集中在确定角色和成本及利益的分配，以及触及少量文化和社会的维度，但是往往忽略了价值链在政治上的最敏感问题，也就是需要把政治、消费、文化、劳动的概念统一到价值链中。因此，价值链的经济决策也有政治的一个方面，经济活动的可行性常常因政治环境因素而发生变化。这在非西方社会中是非常重要的经济结构特征，尤其是在社会主义国家和第三世界国家，政治因素通常在塑造经济结构中发挥着重要作用。

　　全球化时代被视为"新自由主义"的时代，其对当地、地区、国家经济结构产生了深刻的影响（Hoogvelt，1997）。通过资源的配置，跨国合作、国际机构和国际捐助不断调节与影响着一个国家的经济活动。从这个意义上说，Watts（2000）的论著意义重大。根据他的观点，价值链分析应立足于他所谓的"全球化的本地网点"，把其作为研究参与者们的经济行为背景，这就意味着地方实践、国家全局利益与力量交叉问题都影响了经济参与者的经济行为。

　　总之，无论是经济学家们青睐的经济理性概念，还是人类学家们喜好的文化和社会嵌入性概念，都可能会导致全球价值链中复杂的经济参与者们的经济行为（Gudeman，1992）。此外，政治学家们的观点也可能过分强调了政治的作用，往往误解了人们的经济活动。因此，正如 Le Billon（2000）所强调的，价值链的形成不仅仅由经济理性、社会、文化决定，也由政府政策、国际法规决定。

　　结合有关林副产品，价值链的研究不是以简单地阐明各种因素对经济行为的影响进行分析，借鉴当代经济人类学方法，经济行为与价值链是通过当地社会和文化机构进行衔接的，并受国家和全球政治环境的影响。从这个意义上说，Gudeman（1992）提出的"实践模式"，对于我们的研究更有意义，这有助于我们了解社会和文化规则与道德以及政治是如何在全球背景下，对所有经济行为的理性计算奠定基础并产生影响的。换言之，该"实践模式"为理解参与者们的日常实践提供了方法，这可能表明了他们对市场以及价值链所做出的反应。这种反应是"基于非价格机制"（市场机制间的相互作用，如社会、文化和政治因素）及"基于价格机制"（市场或经济因素）之间的相互作用，这是理解参与者们的经济行为及其所做出的经济决策的基本要素。

3 价值链分析中的"利益获取"的概念分析

"利益获取"是财产权和自然资源研究者及其他社会科学家经常使用的词语。产权可以被描述为"强制性申明使用或有益于某事物的一种权利"（Macpherson，1978）。强制性申明，是指通过法律、习俗或公约（Ribot and Peluso，2003）得到社会的公认和支持。在这个意义上的财产权已被概念化为合法索赔或从某事中获得利益（法律上的合法性或非法的合法性）。此外，Ostrom 和 Schlager（1995）给常规资源管理财产权做了四种形式的定义，根据他们的说法，利益获取是指"进入一个已被定义的物理区域和享有非实体利益的权利"。对于新的政治生态学学派而言，其把利益获取这个词视为获得资源的权利。例如，"冲突与利益获取"意指资源使用权；社会争论的"利益获取的复杂性"代表了多个相互重叠的使用权，并结合了复杂依赖性网络的正式与非正式权属（Bryant，1992；Moore，1994；Peluso，2023；Li，1996；He and Sikor，2017；Peet and Watts，1996）。因此，传统上产权的概念是把利益获取定义为从某事中获得利益的权利，既包括实际上的权利，也包括法律上的权利（Ribot，1998；Ribot and Peluso，2003）。

基于这一观点，当前学术界的努力以及发展实践者正试图加强地方的利益获取和对资源的控制，以期望通过这些策略能给当地群众带来收益。然而，根据 Ribot（1998）立足于自己对塞内加尔森林管理的研究，他发现当地社区对从森林获取直接利益的控制，并没有给他们带来必然的商业效益。因此，控制某种资源，并不一定能从这种资源中获取利益。Ribot 进一步强调，以产权为基础的改革对于当地的发展是不够的，因为产权或者直接控制森林资源的任何其他形式，不一定会让当地居民从森林或其他资源中获得好处，除非这些居民能获取市场和获得其他机会（Ribot and Peluso，2003）。因此，广义上的获取利益概念应该要在当代的资源管理研究中进行思考。

在获取利益理论的论文中，Ribot 和 Peluso（2003）对获取利益术语进行了广义定义，即从事物中获得好处的"能力"。这个定义让获取利益的概念比起被定义为"从事物中获取好处的权利"的经典概念更加广阔，从定义上更加强调能力而不是权利。根据 Ribot 和 Peluso（2003）的论断，获取利益是关于一个人能从事物中获取利益的所有可能；财产权一般能促进"社会公认和支持"索赔或权利——要么依据法律、习俗，要么依据公约。然而，通过未经批准的或非法律规定的行为、意识形态和散漫的操作以及生产与交换的间接关系，有的人可能会受益，甚至在某些情况下受益更多。因此，获得好处的能力比获得好处的权利更加广义。

值得注意的是，Ribot（1998）也阐述了这样的观点，最大的利益流动源自市场控制和利益获取，而不是控制森林或其他自然资源。因此，直接控制即使执行了所有权和财产权，但是也不能自动带来好处。因而，获取利益或者获取利益的能力是基于多种因素的。但是，应该注意的是"获取利益"不能取代"财产权"这个词。相反，在工作中的整个一系列的制度、结构和关系中，包含了财产权和其他形式的权利（Ribot and Peluso，2003）。从这个意义上说，获取利益能力的概念应该要关注的是"人类能力"实际上是结构化的，并不是一个自由的行动。获取利益能力的概念表达了在特定制度及当地监管机制下各参与者能力的综合素质。

Ribot 和 Peluso（2003）的论文对利益获取的动态框架这一个概念进行了进一步阐述，认为我们需要关注社会行动，从而研究利益获取控制和利益获取维护。利益获取控制是协调他人的能力，以改变别人的获取的权力（Weber，1979）。控制是指对行动的检查和方向指引，是指引和规范自由行动的权力与功能（Rangan，1997）。同时，对于利益获取的维护需要耗费资源或权力保持对一种特定的资源的持续获得利益的行为。因此，维护和控制是互补的。各类参与者间的关系是相对于资源的管理与使用而言的（Ribot and Peluso，2003）。此外，资源的意义和价值是在控制资源与维护利益获取者们之间形成的竞争或谈判。

根据价值链分析，Ribot（1998）指出，利益获取一词应该要使用广义概念，即从事物中获得好处的能力取代权利一词。从这个观点出发，他结合价值链发展了"利益获取路线图"方法。他认为价值链中的"利益获取路线图"是一种发掘市场链中控制与维护背后的各类权力的方法（Ribot，1998）。权力是由政治、经济以及文化关系组成的（Ribot and Peluso，2003）。这种利益获取方法罗列了各种权力和支撑它们的机制，表现出来的不仅是某事物的所有权，而且是整体的利益流动和分配（Ribot，1998；Ribot and Peluso，2003）。这是对支持价值链中有关利益（经济利益）的相关社会和政治经济关系的系统跟踪方法。同样 Ribot 和 Peluso（2003）也指出了"利益获取路线图"动态过程与利益获取的关系是价值链分析中的一个有效工具。

总之，资源获取是由直接物质获取、市场获取、劳动获取、资本获取、社会关系获取和知识获取组成的（Ribot and Peluso，2003）。反过来说，这些都是由法律之外的机制在利益获取与获取控制过程中形成的。从这个意义上而言，财产权是控制资源利益的一个机制。

因此，研究林副产品价值链的案例中，对利益获取的分析应该要扩大其概念范围，不能仅仅局限于与某事物直接相连的财产权概念，而是要把其作为塑造人们在更广阔的社会和政治经济背景下结构与制度中去获得利益的能力。这也是把财产权概念放置于形成效益流程和分配层面，以及许多其他社会意义、社会过程和社会结构中。因此 Ribot（1998）的"利益获取路线图"揭示了嵌入市场本质中具有局限性的财产权的作用，以及法律框架之外结构和制度在利益分配中的作用。然而，为了更好地理解这些机制，就应该要探讨价值链中的制度概念。

4　价值链中的制度动态分析

制度通常被定义为随着时间推移持续提供以集体价值为目的的服务的"复杂规范和行为"（Langill，1999）。它就是"游戏规则"，形成了内部社区成员或涉及资源管理的制度安排，对包括有关如何解决问题在内的普遍理解的外部利益相关者的行为。

在对制度进行分析时，重要的是区分术语"制度"与"组织"。Lang-ill（1999）认为，可把前者描述为长期规则和社会管理权利及生产行为，后者是"玩家"或者为实现某个共同目标联系在一起的个体和团体。因此，制度是以组织为基础而形成的框架。

对于自然资源管理来说，Leach 等（1997，1999）指出制度是"人-环境关系的媒介"（也可参看 Agrawal and Yadama，1997）。尽管资源管理受社会经济因素或政治、文化因素影响，但是这些影响是由制度安排的。此外，Leach 等（1999）提醒我们，至少有两种不同形式的制度影响人的行为。首先是正式的制度，这意味着正式的规则、规定等都是由政府颁布的，并由国家合法化，原则上可以在法庭上进行辩护。其次是非正式的制度，这就是传统上的财产权、地方规则、村规民约等一类的由地方合法化的社会规范和行为准则。

在实证研究中，研究者要区分"正式"与"非正式"制度，并给予足够的特别关注。一方面，可以把正式制度作为外部第三方组织执法的规则。法律规则是一个范本，通常由国家通过诸如法院、监狱等一类的组织机构进行支撑。另一方面，非正式制度可以通过内部执行。这些制度维持着社会各类角色间的相互协议，或他们之间的权力关系和权威性。因此，从非正式（如社会规范）到正式（如法治）的各类制度，形成了一个人们生活的制度矩阵圈（Leach et al.，1997）。从这个角度来看，制度可以被视为一套正式和非正式的规则，产生了人与他人本质上的相互作用（Agrawal，2001）。

然而，Oakerson（1992）却认为，每个人都很清楚，规则不能确保某些行为的出现。一些学术研究表明，作为规则的制度本身，不能确定人们按照制度的安排来做出行为（Ostrom，1998）。在规则和所观察到的人类行为之间有未被注意到的个人如何做出选择的心理计算。因此，在大多数情况下，我们了解到的制度并不是规则本身，而是个人和群体在社会脱离底层结构或一套"实践性规则"（rule-in-use）中行为的规范方式（Leach et al.，1999）。从这个角度来看，规则是人们在实践中不断修订完善的，而不是拘泥于现有的固定框架。

Ostrom（1998）认为，在一个采用"法律"治理的体系中，行动可以在宪法、司法和行政设置中追溯其源头。其"规则形式"符合"规则运用"。在不依"法律"治理的体系中，国家制定的法律可能存在，并且国家有相当大的执法力度，但是个人通常会试图逃避而不是遵守法律，我们就把此视为制度动态性。

因此，了解人们的日常实践有助于探索制度动态性，日常实践强调不同形式的抗议和抵制挑战并管制人们行为的法律规则的方式。因而正式与非正式制度之间的二分法，就不可避免地导致了无知的重叠和模糊的制度。正如 Agrawal（2001）所提出的，个人潜力具备的日常表现重塑了正式和非正式制度，探索人们的日常实践或者"规则运用"有助于展示出一幅由制度安排的历史画卷。此外，把制度视为特定人群的规范化实践比任何约定俗成的规则更有助于我们对制度动态性的理解。

价值链分析中，多元化和多层次的制度并存与重叠，正式与非正式制度通常相互结合，从而形成了参与者们在利益获取、控制和维护市场及资源方式上的差异。此外，制度还被用于规范市场过程以及价值链的组织。权威机构制定规则，可以明确谁有权利获取利益，谁有使用权、保存权，谁有市场营销和加工的权利，并且能排除他人开展这些活动。制度安排影响着人们的行为，激励机制是在执行管理制度以及从事资源市场营销中进行的协调、合作和贡献（Pomeroy，1998）。反过来说，人们的日常实践重塑了制度安排，以满足他们的个人利益。因而，价值链中的制度本身就是指导参与者具体实践和规则的总框架，随着时间的推移，它也是参与者们经济活动的行为结果（Agrawal and Yadama，1997）。

总之，制度是"游戏规则"与"规则运用"的结合。换言之，制度在约束参与者们活动的同时，也促使参与者们绕过现有制度的约束，并建立新的制度以符合他们的利益。但是，制度仍然保留着主要的机制以调解、软化、削弱、构建、强调并对某些特定的结果和行为产生影响。因此，参与者和组织应该强调，如何有意或无意地让规则和规范成为人们在实践与行动中的产品（Leach et al.，1999）。一些常规的行动在复制结构、规则和制度，而其他行动又构造并改变体系，也许随着时间的推移还可重塑新规则。

就林副产品价值链分析而言，理解制度动态性可用于辅助探索在宏观、中观和微观等几个不同层面商品是如何实现交易的。这些因素体现了多个层面多元制度运作的重要性，对获取利益、维持林副产品种类、市场机遇和竞争资源、仲裁索赔以及市场营销活动者产生影响。因此，相关研究应该了解不同参与者的实践是嵌入价值链中的，以便理解制度。

5　林副产品研究的概念性框架

基于对价值链方法的理论讨论，在林副产品价值链研究中，我们形成了一个概念性框架。首先，我们倾向于用 Gudeman（1992）"实践模式"的思路对价值链进行分析。基于这一点，我们把林副产品价值链重新定义为社会参与者们进行实践的正规化网络，商业化的林副产品连锁交换、生产到终端消费的网络，受"价格机制"和"非价格机制"的影响。对于这个定义我们关注的是，参与者们的经济活动是如何开展的，经济决策又是如何做出的，以及价值链是如何组织形成的。这种观点将为研究了解中国云南复杂的林副产品价值链提供更多实质性的理论背景。

此外，中间商是指处于中间的参与者或是介于采集者与消费者之间的参与者。在研究社会角色时应该要对采集者、消费者及中间商加以区别。换句话说，采集者可以通过性别、阶层、年龄等进行区分，中间商也如此，可能包括地方商、批发商、加工商、运输商等。不同的参与者在价值链中具有不同的作用，拥有不同的权力并发挥不同的功用，自然在利益获取和分配上完全不同。

其次，正如许多实证研究所建议的，利益获取的概念和制度将被采纳，以用于对林副产品价值链中实际情况的分析。为此，我们建议修改 Leach 等（1999）提出的制度的概念，以便研究 Ribot 和 Peluso（2003）提出的价值链中林副产品的利益获取概念。因而，利益获取就有两个方面。一方面，获取林副产品资源，这是利益获取传统意义上的财产权概念——资源获取的权利。Leach 等（1999）认为，利益获取已经被"赋予"概念化了，这就意味着人们可以从财产权安排中获取资源。换言之，这明确了人们有获取林副产品资源的权利。这是最基本的方面，确定了某种林副产品可以由谁进行采集、如何采集以及采集的方式等。这是人们从价值链中获取利益的开始，也是价值链的起点。

另一方面，我们借鉴 Ribot 和 Peluso（2003）的提法，把获取的概念扩展为从某事物中获取利益的能力，由市场准入、劳动获取、获得资本、获得社会关系和获取知识以及林副产品资源等组成，包括了所有能带来人们利益增加的能力。因此，研究林副产品价值链可以通过人们对林副产品市场营销过程中不同的获取路线图进行。这有助于了解受益者以及他们从林副产品贸易中获得利益的情况。

值得注意的是，利益获取在不断地受到多个级别和重叠制度的影响，可能是正式的规则、产权安排和市场监管体系，或非正式的规则、文化规范等，尤其需要注意贸易规定对林副产品价值链的组织运作有很大的影响。此外，这些制度间的关系和层面对于影响参与者获取资源、市场机遇、劳动、知识等方面具有重要的意义。因此，对于林副产品价值链中的制度安排是研究的焦点，应该考虑不同层面制度间的相互作用，尤其是它们限制资源的方式、管理实践以及不同参与者的市场营销的表现方式。

反过来说，与价值链相关联的不同参与者的日常实践重塑了各自的制度，这就是我们所谓的制度动态性。不同的参与者并不总是绝对地遵循既定的规则。相反，他们在不断地适应、挑战并改变这些规则，以满足自己在不同层面的利益需求。同时，作为重建制度的实践也对旧制度或另一个层面的制度产生影响。"使用中规则"反映了从资源中获取利益和从市场中获取利益的整体情况。

此外，人们利益获取的不断变化是受到制约的，这有助于林副产品资源的改变与利益获取的改变。换言之，人们利益获取的变化是不同参与者的"能力"的变化（Leach et al.，1999：234）。因此，这些不同参与者能力的不断变化可以增强或削弱他们对林副产品资源的获取或是对市场机遇的获取。同样，这些不断变化的能力导致参与者们在利用林副产品资源的方式上也发生着变化，如从密集采集到保护，或是反方向的变化和发展，最终结果是林副产品资源的不断变化。

就对林副产品价值链进行更适宜的详细研究而言，可以运用 Ribot（1998）的"利益获取路线图"方法，以便了解各种制度是如何对不同的参与者获取资源、市场以及其他机遇的行为进行规范的，这有助于研究参与者们的利益获取。在此，"利益获取路线图"由以下几部分组成：①确定参与到林副产品的采集、生产、加工、交换、运输、分配、终端销售及商业化利用有关活动中的参与者们，也就是确定林副产品价值链中的所有参与者（包括直接参与者和间接参与者）；②通过对不同参与者所获得的货物数量、价格的分析，对价值链中处于不同层次的参与者们的收入和利润进行评估；③对在该链中的每一个群体的分配情况和收入进行评估；④根据群体内和群体间的利益分配情况，通过价值链分析利益获取的情况，同时了解利益获取的维护和利益控制的机制，并进行追踪以画出路线图。该方法可提供两张图：一张是利润分配路线图，另一张是有关利益获取的维护和利益控制的机制的图。

6　结语

本章从理论和研究框架上挖掘了价值链的研究。现有文献表明，全球价值链并非一个单一的市场经济行为，或以价格机制为基础的商品交易网络。相反，一个价值链的形成受到经济、文化、社会以及政策等多方面的影响。因此，参与到全球价值链中的各个参与者，他们在价值链中的角色和地位并不相同，这直接影响到了他们各自从价值链中获取利益的方式和获利的多少。现有理论告诉我们，参与者在全球价值链下获取利益的方式和获利的多少，并不完全取决于他们在全球价值链中的权利或对某商品的所有权，而更多地来源于他们在价值链里利益获取的能力。利益获取的能力受限于他们自身的知识、社会体制、文化因素、意识形态、法律体系等诸多的法律框架内以及法律框架外的机制。对于机制的研究，我们需要考虑机制是机构和制度的总称，机制包括正式制度，也包括非正式的、约定俗成的制度和实践。这些制度都直接影响了价值链的形成和参与者利益获取的能力。最后，对研究框架来说，我们需要形成一个全球价值链的路线图，其中包括不同的价值链参与者（直接参与者和间接参与者）、影响价值链的各种机制（经济、文化、社会及政策的机制），从而了解价值链中谁获得了收益、谁收益最多、为什么他们收益多，以及改善价值链的方法。

第三章　研究内容和研究方法

1　引言

本章介绍本书的主要研究内容和研究方法。首先，在研究内容部分，联系上一章关于理论和研究框架的内容，我们着重于实现研究内容与理论框架的结合，通过这样的结合，确保对研究的分析与理论相结合，并与实际内容相结合。其次，本章将介绍研究的思路，并展现研究的流程。再次，在研究方法部分，本章将介绍研究样本选取的方法，其中包括目标物种（林副产品物种的选取）和被访谈人群的样本选取方法，同时还将介绍具体的数据收集方法以及数据分析方法。最后，本章将介绍本研究的研究点，其中包括三个主要研究区域的基本情况，以及具体研究点的分布情况。

2　研究内容

本研究针对林副产品价值链的研究内容主要包括探寻价值链中的商品流动流程，识别价值链的直接参与者和间接参与者及其利润分配方式，研究贸易管理和价值链构成以及利润分配的机制，研究促进利润分配与贸易管理、产权改革与可持续资源管理以及价值链治理与改善的策略（见图3-1）。通过对这些内容的研究，本研究希望能全面地呈现林副产品价值链构成形式和机制以及改善价值链的途径。对以上四个方面的具体研究内容如下。

（1）探寻价值链中的商品流动流程

对于价值链中的商品流动流程，本研究从采集地区的采集者入手，追寻产品流通的整条价值链，它包括商品从采集地区到地方市场、中心市场、出口市场最终到达消费地区的消费者手中。然而由于经费的限制，本研究仅用二手数据对消费市场进行阐述，而着重把关注点放在采集地区、地方市场、中心市场和出口市场上。

（2）识别价值链的直接参与者和间接参与者及其利润分配方式

在认识到商品在价值链中流动的过程后，本研究将识别出价值链中参与贸易的各个参与者，其中包括直接参与者和间接参与者。直接参与者是直接参与贸易活动和商品交易的参与者，包括采集地区的林农和采集者、当地商贩、加工包装企业、批发商、大商贩、出口商和贸易公司，以及消费者。间接参与者是指不直接参与贸易活动和商品交易，但对价值链的形成和利益分配机制产生影响的参与者，包括各级政府部门、政策制定者以及非政府组织。同时，本研究还将研究价值链中的利润分配情况。

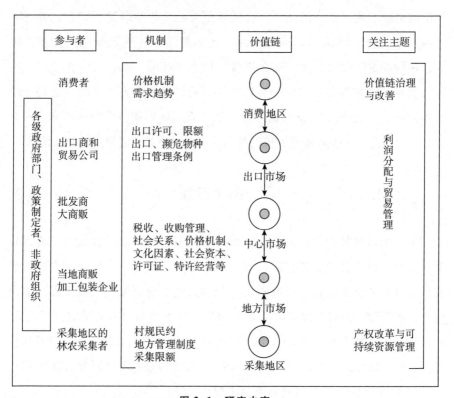

图 3-1　研究内容

（3）研究贸易管理和价值链构成以及利润分配的机制

在识别出价值链中的各个参与者的利润分配方式的基础上，本研究将研究价值链形成的机制以及利润分配机制。根据 Ribot 和 Peluso（2003），价值链形成的机制和利润分配机制涉及参与者的市场准入、政策等机制。在采集地区，本研究具体考虑村规民约、地方管理制度、采集限额等机制。在地方市场和中心市场，本研究关注税收、收购管理、社会关系、价格机制、文化因素、社会资本、许可证、特许经营等制度。在出口市场，本研究关注出口许可、限额出口、濒危物种出口管理条例等。

（4）研究促进利润分配与贸易管理、产权改革与可持续资源管理以及价值链治理与改善的策略

最后，对于本研究的重要产出和政策建议，本研究在研究发现的基础上，在政策方面将讨论非木材林产品产权改革的可能性以促进可持续的资源管理，促进利润分配与贸易管理以促进公平分配，最终促进价值链治理与改善。

3　研究思路

本研究采取多学科的研究方法来探讨全球价值链下的林副产品的管理。由于研究时间和经费的限制，本研究无法囊括云南省所有的林副产品，因此我们根据生态价值和经济价值以及保护生物学的原则，选取松茸、羊肚菌、块菌以及虫草四个明星物种作为典型林副产品开展研究。在确定研究背景和研究目的的基础上，本研究在研究思路上主要包括四个阶段（见图3-2）。

（1）理论和方法的构建阶段。本研究通过广泛收集文献来构建研究理论和方法。在理论上，本研究采用价值链理论、制度经济学理论以及人类学和生态学的理论来构建研究的理论基础。在方法上，本研究采用成本利润分析、利润分配分析、产权制度分析以及价值链分析方法来全面阐述林副产品在全球价值链下的管理问题。

（2）实证研究阶段。在实证研究阶段，本研究围绕四个明星物种开展

实证研究，包括回顾其生态特征，研究其管理现状、可持续资源管理的威胁因子、各物种产权现状以及价值链的流程。同时我们还研究了价值链的构成和管理机制、价值链的参与者行为和其成本与利润构成，最后分析了利润分配的机制。

（3）综合研究阶段。该阶段主要涉及综合实证信息，分析各物种价值链的共性和不同，总结本研究的基本发现并提出政策建议。

（4）修改结题阶段。该阶段主要涉及对各分报告的修改，并形成最终的总报告以提交结题鉴定。

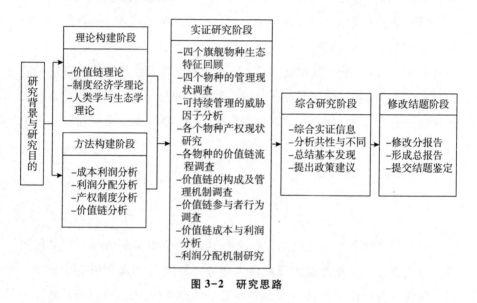

图 3-2　研究思路

4　研究方法

4.1　样本选取

根据生态价值和经济价值以及保护生物学的原则，选取松茸、羊肚菌、块菌以及虫草四个明星物种作为典型林副产品开展研究，根据每个物种在云南省范围内的分布情况，本研究共涉及云南省野生菌产量较多的 3个市（州）6个县（区）的 16个村庄（社区）作为项目点（见表 3-1）。

本研究从 4 个物种的最初采集者开始，沿着价值链、产品的流动方向进行追踪调查，直至出口环节。由于经费和时间限制，最终的消费市场研究以二手资料为主。

　　本研究以问卷调查为基础，采取"滚雪球"方法进行抽样问卷调查。在"垂直"层面，通过被访问者的介绍确定价值链中下一级的访问对象，即产品的购买者；在"水平"层面，通过被访问者的介绍确定与其在同一个层面的其他的主要和关键的访问对象，并对所得数据和信息在所有访问对象之间交叉验证。每条价值链每个节点上每类人群保证一定样本量，同时，采集者的样本量不少于 20 个。

表 3-1　项目点分布

野生菌物种	市（州）	县（市、区）具体项目点
松茸	迪庆州	德钦县奔子栏县书松村、叶日村
	保山市	隆阳区水寨乡海棠洼社区
	楚雄州	姚安县光禄镇梯子村
虫草	迪庆州	香格里拉市东旺乡跃进村、上游村、中心村
		德钦县奔子栏县书松村、达日村、叶日村
块菌	保山市	隆阳区水寨乡海棠洼社区
	楚雄州	姚安县光禄镇梯子村
		永仁县永兴乡永兴村、那软村、施资村、鱼乍村
羊肚菌	迪庆州	维西县叶枝乡同乐村、康普村
		德钦县霞若乡施坎村、各么茸村

4.2　数据收集

　　在数据收集中，本研究以问卷调查为主，采用一对一、面对面的直接问卷访谈的方式。问卷调查主要用于充实定量数据，针对价值链各节点不同访问对象进行相应的调查，关注成本利润分析，以及各群体对管理机制和政策的反应。在问卷调查的基础上，本研究还采用如下方法以获得价值链的完整结构。

　　（1）二手资料收集。主要收集各级政府的林副产品的相关政策和管理规定、贸易方面的统计资料、报纸、正式出版的著作以及非正式出版的研究报告等。

（2）半结构访谈（semi-structured interview）。广泛用于价值链中的直接参与者与间接参与者，包括农户、村领导、政府部门工作人员、中间商、出口企业工作人员等。半结构访谈以获得定性数据为主，包括产品的流向、经济活动状况、政策的实施、管理机制等。

（3）小组焦点座谈会（focus group）。在价值链的各节点为各参与者组织小组焦点座谈会。

（4）直接观察（direct observation）。主要用于对价值链中经济活动和交易过程的直接观察以对价值链的构成与贸易方式获得感性认识。

4.3 深度个案研究与问卷调查的互补

为了弥补问卷调查无法深入了解市场结构和参与者的经济行为的不足，本研究还开展了深度个案研究。由于经费和时间的限制，本研究无法全面地针对四个野生菌物种，开展以人类学为主的深度个案研究，因此，我们选取松茸开展深度个案研究。选取松茸是由于松茸的国际价值链和市场发展较其他各物种更早，涉及区域和人群更为广泛，管理体系更为复杂。因此，以松茸为代表的深度个案研究可以展示其他三个物种参与者的经济行为特征和价值链。深度个案研究中，采用民族学和社会学的方法，较为深刻、全面地描述市场链的流程，揭示参与者的行为特征，以松茸为范例揭示林副产品的价值链结构和特征。与松茸不同，其他三个物种则基于问卷调查和半结构访谈来获得其价值链特征和管理模式。深度个案研究与问卷调查的共同运用旨在丰富最终研究结果和全面展示林副产品价值链的结构。

4.4 贸易主要参与者的定义及基本情况

根据 Olsen 和 Bhattarai（2005）对野生林副产品在市场中的各个贸易参与者角色的定义，本研究集中访问三类贸易直接参与者，包括采集者、当地中间商以及区域批发商。根据这三类人群在市场中的不同角色以及

（Olsen and Bhattarai，2005）定义，我们把这三类人群分别定义如下。

- 采集者：指直接参与野生菌采集的人，这部分主要是当地的农户，也包括到某处购买采集权在当地进行野生菌采集的外地人。
- 当地中间商：指从农户手里直接收购菌类，或者在当地收购又在当地转手的商人。此类人群不负责把产品运输到外地销售。
- 区域批发商：指从当地中间商手中收购菌类运往外地销售，或直接销售给出口公司的商人。

本研究共完成调查问卷 459 份。问卷调查共涉及采集者 380 户、地方中间商 61 人、区域批发商 18 人，其中包括羊肚菌：采集者 80 户，当地中间商 14 人，区域批发商 8 人；松茸：采集者 82 户，当地中间商 19 人，区域批发商 5 人；块菌：采集者 61 户，当地中间商 18 人，区域批发商 4 人；虫草：采集者 157 户，当地中间商 10 人，区域批发商 1 人。

采集者问卷问题主要涉及三个方面：①家庭基本特征；②野生菌采集情况；③销售与管理的方式。而对于当地中间商和区域批发商来说，问卷问题涉及个人基本情况，以及个人的销售情况。具体问卷见附录。

5　项目区域

项目区域为云南，因为云南是全国野生菌与民族多样性最丰富的省份。在云南，世居有 25 个人口在 5000 人以上的少数民族，据第七次全国人口普查数据，少数民族人口占全省总人口的 33.12%。云南是我国少数民族最多的省份，也是我国生物多样性和生物资源最为丰富的地区，各种生物资源都占到全国物种资源的较大比例，其中淡水鱼类占 50%，鸟类占 64.1%，哺乳动物占 51.1%，种子植物占 50%，苔藓占 59%，高等菌类占 65%。尤其值得强调的是，云南省不但是全国野生高等菌类资源最为丰富的省份，也是全世界高等菌类资源最丰富的地区之一。

然而，云南地处我国西南边疆地区，作为一个多民族的农业省份，绝大多数人口在农村，全省大部分国民收入、财政收入、创汇和轻工业原料直接或间接来自农村，农业在云南国民经济和社会发展中居重要的地位。随着经济的发展和贸易自由化与全球化，云南的野生菌类资源正在开始商业性的开发，逐步从边远的乡村走入国际市场，这给本研究提供了得天独厚的条件。以云南省为基础，本研究着重关注三个野生菌产区：迪庆州、保山市和楚雄州。以下对此三个区域的情况进行简述。对于本研究所涉及的 16 个村（社区）的具体情况，包括面积、人口、土地利用情况、经济收入等详见附录。

5.1 迪庆藏族自治州

迪庆藏族自治州地处云南省西北部，从地理方位上来说，迪庆州位于东经 98°20′~100°19′和北纬 26°52′~29°16′。由于地处青藏高原的东南部和横断山脉的中部，州内平均海拔为 3380 米，在面积 23000 多平方公里的行政区域范围内，93.5%的土地属于山地。年平均温度为 5.5 摄氏度，降雨量为 700 毫米。据统计，云南省拥有的 15000 个植物品种中有 40%可以在迪庆州找到（Ogilvie，1996）。就高山植物来说，该地区有超过 5000 种高山植物，因而成了中国高山植物最丰富的地区之一（方震东、谢鸿妍，2004）。从植被类型上看，迪庆州的植被可分为干燥和半干河谷的常绿阔叶林、亚热带和温带的常绿针叶林、高山灌木和高山牧场以及高山和冰川植被。

从行政管辖上来说，迪庆州包括香格里拉（原中甸县）、德钦和维西三个县，根据 2015 年云南省统计数据，全州总人口 40.8 万人，生产总值 161.14 亿元，各县分别有人口 17.66 万人、6.78 万人和 16.3 万人。全州范围内藏族人口比例占到了 1/3 强，所以迪庆是云南唯一的藏族自治州。作为全州的主体民族，藏族在香格里拉、德钦和维西的比例分别占到了 40%、79%和 4%。此外，迪庆州也世居着其他少数民族，如傈僳族（28.8%）、纳西族（13.1%）、白族（3.64%）、彝族（2.94%）、普米族（0.4%）、回族（0.35%）、苗族（0.34%）7 个民族（吴良镛，2000）。

此外，迪庆州不但有丰富的生物资源，而且拥有很高的森林覆盖率，据统计，森林面积占到了全州面积的1/3，这使得迪庆州一直是我国重要的木材生产地，在1993年以前，当地财政收入的80%以上都来源于木材砍伐（Yeh，2000），因而人们也把迪庆州的经济发展模式称为"木头财政"。该地区蕴含着丰富的非木材林产品。据报道，州内生长有100种以上的野生菌类，被商业化采集的主要有松茸（Tricholoma matstutake）、牛肝菌（Boletus）、鸡枞（Collybia albuminosa）、干巴菌（helephora ganbajun）、香菇（Lentinus edodes）、猴头菌（Hericium erinaceus）、鸡油菌（Cantharellus cibarius）等；同时以藏药闻名的迪庆州也有多样的稀有药材，如天麻（Gastrodia elata Blume）、灵芝（Ganoderma lucidum）、虫草（Cordyceps sinensis）、茯苓（Wolfiporia cocos）等。如今，林副产品已经成了该州重要的财政收入，也是农民经济收入的主要来源。

5.2 保山市

保山市位于云南省西部，东与临沧地区、大理州接壤，北与怒江州相连，西与德宏州毗邻，西北和正南与缅甸交界，区内南北最长纵距193公里，东西最长横距198公里，土地总面积19637平方公里。全区地处横断山脉纵谷南端，高黎贡山和怒江山山脉绵延全境，澜沧江、怒江穿境而过。地势北高南低，最高海拔3780米，最低535米。全区属低纬山地亚热带季风气候，年均气温14.8~21.4摄氏度，年均降水量751.6~2050毫米。山区面积占全区总面积的92%，境内有大小坝子78个，面积1560平方公里，其中耕地面积万亩以上的坝子28个。保山境内交通便捷，320国道贯穿其中，已全部通电、通公路。全市有大小城镇、乡村集贸固定交易点1000多个，乡村集市大多为"四天街"，俗称空三赶四，使全市每天都有近百个集市在进行交易，为林副产品的交易提供了一个良好的环境。但由于大部分林副产品数量少且分散等原因，保山市与外面较大市场的联系不是很紧密和便捷。

保山市是一个以农业为主的边疆多民族聚居区，全市共辖隆阳区、施甸县、腾冲市、龙陵县、昌宁县，共有72个乡镇911个村民委员会。据保山市 2015 年统计资料，实现总产值 551.96 亿元，其中农业总产值 223.67 亿元，占总产值的 40.5%；人均 GDP 21444 元，人均纯收入 8572 元。

保山农户的生产、生活都以农业生产经营为主体。农户种植的主要粮食作物有水稻、苞谷、小麦、豆类等，主要经济作物有茶叶、甘蔗、烤烟、蔬菜等。目前农民主要的经济收入来源一是农业收入，二是林业收入，三是畜牧养殖收入。改革开放以来，农民把外出打工作为一条生财之路来走，但数量十分有限，外出打工的人员仅占农村人口的 5%，而长期打工的则不到 2%。对于少数家庭，打工是家庭主要的经济收入渠道，但对于整个农村经济来讲则影响有限。

2015 年，全市林业用地面积 1919 万亩，其中林地面积 1274 万亩，疏林地面积 67.3 万亩，灌木林地面积 319 万亩。全市森林覆盖率 52.9%，人均占有林地面积 7.12 亩。林业用地中国有林面积 339 万亩，集体林面积 1378 万亩，集体林面积占林业用地面积的 71.8%。该区域内的立体气候比较明显，非常适宜各类植物的生长和发育。境内的森林类型复杂多样，林木种类繁多，已知的高等植物 2400 余种，木本植物树种 1452 种，主要用材树种有云南松、思茅松、华山松、西南桦、尼泊尔桤木、西南木荷等，主要经济林木有茶叶、核桃、绿竹笋、果树以及多种紫胶寄主植物。全市的森林类型分布可划为东北部的山地常绿阔叶林、松林林区；中部的山地常绿阔叶林、松林林区；东南低山坝子季风常绿阔叶林、松林林区；西南部的河谷干热稀树林、松林林区。如今，林下资源，尤其是野生菌和药材已经成了山区农户的重要收入来源。

5.3 楚雄彝族自治州

楚雄州位于云南高原中部，东接昆明市，北连四川省攀枝花市，西邻大理州、丽江市，南毗玉溪市、思茅地区。州境内海拔最高点为 3657 米，最低点为 556 米，全州平均海拔 1773 米。楚雄彝族自治州属于亚热带季风气候，由于山高谷深，呈现为立体气候的垂直形式，并且小气候特征明显。全州年平均气温为 14.8~21.9 摄氏度。最冷月出现在每年的 1 月，平均气温在 7.4 摄氏度；最热月出现在每年的 6 月，平均气温为 21.4 摄氏度。

楚雄彝族自治州全州土地总面积28438.41平方公里，境内多山，山地面积占土地总面积的90%以上。在群山环抱之间，有104个面积在1平方公里以上的盆地（坝子）星罗棋布，形成州内一个个规模不同、独具特色的经济、文化区域。

楚雄州下辖8县2市，即楚雄市、双柏县、南华县、牟定县、禄丰市、姚安县、大姚县、元谋县、武定县、永仁县，有103个乡（镇）1099个村民委员会。楚雄州是一个农业人口为主、少数民族聚集的地区，据2015年统计数据，全州总人口为273.3万人，总人口中少数民族人口为88.88万人，占32.5%。州内少数民族包括彝族、傈僳族、苗族、回族、傣族和白族。

2015年楚雄州实现国内生产总值762.97亿元，其中农业总产值273.17亿元。农业分为以水稻、玉米、薯类、豆类、小麦、土豆等为主的粮食作物，和以烤烟、蔬菜、油料、水果、核桃等为主的经济作物。农民人均纯收入8327元。

由于气候、环境的多样性，楚雄州境内拥有丰富的植物资源。据《楚雄彝族自治州州志》记载，云南省已查清的1.3万多种高等植物中，楚雄州境内有6000多种，主要是林木、中草药、野生食用菌等。2015年，全州有林地面积1731.3万亩，森林面积1633.6万亩；森林综合覆盖率为60.69%，森林覆盖率达39.5%，灌木林地覆盖率为21.24%。由于地处亚热带，州内森林主要属于滇中暖性阔叶林、暖性针叶林区。森林植被亚型包括温凉性针叶林、暖性针叶林、暖性阔叶林、暖性竹林、暖热性阔叶林及热性竹林等（杨宇华等，2006）。州内常见优势树种包括云南松、华山松、滇油杉、金丝桃、余甘子、杜鹃、西南桤木等。由于拥有丰富的森林资源，州内形成了野生食用菌的集中产区（杨宇华等，2006）。据统计，全州有野生食用菌300多种，年均产野生食用菌9000余吨，占云南省野生食用菌产量的10%左右，产值2亿元左右（杨宇华等，2006）。

第四章　松茸价值链[*]

1　引言

1997 年 10 月 6 日，《春城晚报》报道："在云南省香格里拉县（原中甸县），松茸产量正以平均每年 5% 的速度下降……"

2002 年 7 月 18 日，《云南日报》报道："对于野生菌类，尤其是松茸的管理，规范其采集方式已经刻不容缓……同时应加强野生菌类的保护……"

2002 年 9 月 27 日，《都市时报》报道："继 2002 年 8 月 29 日，日本媒体爆出云南出口松茸农残超标的消息后，云南省松茸出口贸易出现了史无前例的危机……"

当年在国内、省内各家媒体、各大报纸的相继报道下，松茸——一种曾经是云南省边远山区老百姓致富的资源、一种曾经是云南省出口创汇四大支柱产业之一的资源，不仅面临着资源减少和枯竭的危险，同时也开始面临着市场匮乏和出口危机。在强调可持续发展的今天，人们对于资源管理的重视程度不断提高，合理利用和开发野生自然资源已经成为贫困山区可持续发展的必由之路。然而，对于松茸这个野生菌物种的保护与开发来

---

*　本章由何俊《谁采集松茸、谁掌握市场、谁获得收益：商业化后迪庆州鲜松茸市场的经济人类学初探》一文修改而成，该文原载许建初、安迪、钱洁主编《中国西南民族社区资源管理的变化动态》，云南科技出版社，2004。

说，资源利用的可持续性和市场发展的可持续性成了云南省各部门、各级政府以及广大贫困山区群众所面临的双重挑战。

松茸到底出了什么问题？这并不是一个容易回答的问题。在松茸被商业化后，社会的发展在松茸上附加了太多的意义，这样的社会建构为松茸增添上了一个复杂的社会维度。在民间流传的说法中，松茸具有抗癌、抗辐射的功效；在松茸市场中，由于松茸价格的频繁浮动，人们时常把松茸贸易市场比作股票交易市场；在政府部门中，松茸被加以保护和管理；在松茸产区的山区老百姓眼中，它是当地人生计的重要来源。

不同的人有不同的视角，这使得松茸问题变得更为复杂。但是，无论是社会的松茸，还是自然的、政治的或是经济的松茸，我们不妨把松茸问题从每一个方面做出更有深度的细致分析和研究。基于此，通过经济人类学的视角，本研究试图全面地阐述和分析商业化后迪庆州松茸市场的状况，并且针对该案例从理论上深刻地讨论经济人类学的基础理论和其在中国现状下的研究意义，同时在管理实践上进一步探讨迪庆州基层松茸市场发展的问题。

本研究通过价值链分析，对松茸的市场链开展深度个案研究，叙述了涉及松茸商业市场经营参与者和机构以及在商业化背景下对不同的市场参与者建立的利益分配机制。本章试图全面地阐述和分析商业化后云南市场的状况，在管理实践上进一步探讨松茸市场发展的问题。本章共分为六部分，在接下来的第二部分，我们从生态学上介绍松茸的自然生态特征（包括松茸的分布）；第三部分讲述松茸商业化的过程以及目前市场发展的趋势；第四部分介绍目前松茸价值链的流程以及交易的过程；第五部阐述目前价值链下的市场模式；本章的第六部分是结论部分。

2　松茸的自然生态特征

2.1　松茸本身

松茸本身是自然界中的一种真菌体，至今仍不能由人工培育。松茸，中文学名松口蘑，又叫松蕈、松菌、台草菌、鸡丝菌等，在现代真菌分类系统中隶属于真菌门、层菌纲、伞菌目、口蘑科、口蘑属，是一个较为自然的类群。该类群以菌柄具有膜质菌环为显著特征（刘培贵等，1999；弓明钦等，1999）。松茸，子实体中等至较大，菌盖直径 5～15 厘米，扁半球形至近平展，污白色，密被黄褐色平伏的丝毛状鳞片，表面干燥，菌肉白色且厚，具有特殊香味。菌柄粗壮，长 6～13.5 厘米，直径 2～2.5 厘米，菌环以上呈污白色并有粉状颗粒，菌环以下有栗褐色纤毛状鳞片，内实，基部有时稍大。菌环上表面呈白色，下面与菌柄同色，膜状至丝膜状，生于菌柄上部。

由于形状、气味及颜色方面的相似性，以及食用价值上相差不大，就商品而言，我们常说的松茸包括了口蘑属的四个种：松茸、栎松茸、青冈蕈和粗状口菌。它们连同其他 11 个种和 1 个变种被统称为松茸群（刘培贵等，1999）。因此，我们平常所言的松茸并不是一个种，而是口蘑属中的一个群——松茸群。在迪庆州出现的多为松茸群中的栎松茸和松茸。

2.2 松茸的分布

世界上，松茸群广泛分布于东亚（中国、日本、朝鲜和韩国）、西亚（土耳其）、欧洲、北非、北美（加拿大、美国和墨西哥）及南美（秘鲁）。在我国则分布于黑龙江、吉林、辽宁、安徽、山西、河南、湖北、四川、贵州、云南、西藏、福建和台湾等省区。无论是在世界上还是在中国，虽然松茸的分布广泛，但就其出现频度、种群分化程度及分布范围而言，可看出松茸群的多元中心和多样化中心仍然在我国西南部，尤其集中在横断山区东南部的三角地区（刘培贵等，1999）。因此，在云南省，虽然松茸在 14 个市（州）、86 个县（区）都有分布，但是主要的松茸产区为昆明、楚雄、大理、丽江、迪庆和怒江。而迪庆是云南省最大的松茸产区，其松茸年产量约占全省出口量的 65% 以上。在垂直水平上，松茸群主要分布在海拔 1500～3800 米的林下，而在海拔 1900～3800 米分布较为集中，生长情况较好，品质也优良。

3　松茸的商业化过程

松茸这样的分布恰与其共生的松类、栎类，特别是云南松、高山松、赤松、高山栎等的分布相吻合。这是因为它们在长期的物种形成与演变过程中是协同进化发展的，彼此建立了共生关系，松茸成为松类、栎类植物的外生菌根菌（刘培贵等，1999）。因而，松茸是一种共生菌，在它的成长过程中其菌丝体必须与活的宿主树木根系共生并形成菌丝。松茸从树木根系吸收自身生长所需物质，而树木也从松茸那里得到生长所需的磷元素、促生物质、抗生物质等。松茸有了树木根系与之共生，才能完成生长，并长出子实体；而树木有了松茸共生，才能长得更好、更快。二者之间互利互助、互为依靠，共创森林与松茸共同繁荣的动态生态平衡关系（弓明钦等，1999）。因而，无论是森林的过量砍伐，还是松茸的过度采集，都将必然打破这种共生的生态平衡，导致生态环境的破坏。

3.1　市场经济中的松茸

松茸的社会性的产生就是自市场经济开始的，也就是在市场化和商业化的过程中，松茸被赋予了更多的意义、传说和神秘色彩，并强化了它与政治的联系。市场经济中的松茸让我们备感矛盾的问题是保护与发展辩证关系的长期争论。一方面，松茸的市场化和商业化以及松茸的巨大经济价值为山区老百姓带来了可观的经济收入。另一方面，也是由于松茸的巨大经济价值，出现了松茸的过量采集现象，这使得松茸在某些地区出现了严重的产量下降问题，并最终可能导致资源的枯竭。处理好保护与发展的问题并不简单，因而我们不妨先初探一下市场经济中的松茸，其目的在于从市场发展的角度讨论保护与发展的问题。

3.2　松茸的商业化：一个发展历程的简述

松茸在日本享有很高的声誉。早在古代，日本人就有食用松茸的习惯，并且对其情有独钟。松茸曾是老百姓向天皇和贵族进贡的珍品之一，因而，松茸被视为食用菌中的珍宝，被称为"蘑菇之王"（刘自强，2003）。直到如今，日本仍然是松茸消费的主要市场。然而，在18世纪中叶，日本的松树因松材线虫病而大量死亡，这导致了日本松茸产量的锐降。自那以后，日本开始在世界范围内寻找货源以满足国内消费的需求。目前，日本的松茸消费量每年在3000吨以上，而其自身最多能产出不到1000吨，这个缺口通过从中国、墨西哥、北美、朝鲜以及韩国等进口来填补。以1999年为例，日本共进口松茸2670多吨，其中从中国进口1290多吨、韩国510多吨、朝鲜300多吨、北美470多吨、其他国家和地区100多吨（He，2003）。可见，自1985年我国开始出口松茸以来，我国已经逐步成了世界松茸出口第一大国，出口量约占世界出口量的65%。我国的松茸出口量从1985年的不足20多吨发展到如今的1200吨以上，为国家出口创汇3.6亿~7.8亿元，松茸已成为我国具有较大影响力的出口创汇商品。

表4-1　2011~2015年云南松茸产量与出口创汇

单位：吨，万美元

年份	产量	出口创汇
2011	763.8	5751.9
2012	964.0	4858.0
2013	781.3	4058.0
2014	708.1	3833.2
2015	432.4	2455.0

数据来源：昆明海关。

云南松茸从20世纪80年代中期开始出口，到90年代松茸已经成为云南最大的农林土特产创汇产品。据云南省商务厅统计，在1997年到2001年，云南省年均出口松茸927.12吨，年均出口创汇3376万美元。无论是采集还是收购和流通，松茸已经形成了较大规模。如今，云南省仅从事松茸收购和贸易的人就已经数以万计。在松茸主产区的迪庆州香格里拉市有80%以上的农户参与到采集、收购和运输活动中，这解决了当地农村和城市剩余劳动力的就业问题。同时，伴随着天然林保护工程的实施，松茸也成了不少地区农户和地方财政在"木头经济"瓦解后的重要经济来源。以迪庆州香格里拉市为例，松茸产业的税收已经占到全县财政收入的30%，而当地农户的经济收入有近80%来源于松茸的采集和交易（He，2003）。在这期间，从事出口业务的企业由原来的云南土产进出口有限公司和云南粮油食品进出口公司两家，发展到后来的30多家，这必然推动了航空公司运力的大幅增加。

然而就是在这样的大规模商业化进程中，由于科学研究不足、采集方式不合理、林下资源权属不清、保护措施不完善等诸多原因，云南省的松茸单位面积产量逐年下降。据报道，云南省松茸主产区香格里拉市，松茸产量平均以每年5%的速度下降；昆明市，2000年的松茸产量只是1985年的30%，减产近70%；禄劝县，1985年的产量为50多吨，而2002年还不到10吨，减产约80%；有的地方更是松茸已经不再出现了。同时，松茸市场中出现了不少冲突和利益分配的问题，甚至在2002年出现了云南出口松茸的农残问题。

3.3　松茸的价值链：惊心动魄的四五十个小时

新鲜松茸具有很高的商品价值且食用价值较高，为保证松茸的质量以确保其价格，松茸必须在40~50个小时内从其生长地的边远山区被采摘后运输到日本（He，2003）。在这段时间内，不但要完成松茸的采集、收购、分级、包装、运输、报关、检疫等手续和工作，而且同一批松茸可能还要经过近7~8次甚至更多次的转手倒卖才能进入日本市场。此外，由于松茸的鲜货物流时间较短，因而日本市场对松茸品质和价格的反应能在短时间内传回云南省的采集地，这就造成了松茸价格的剧烈浮动，有时松茸价格甚至在一天的上午与晚上之间每公斤相差500多元，这也是人们把松茸贸易比作股票市场交易的原因。在这种情况下，所有的商人都希望能在较短的时间内出售松茸，这一方面可以保证松茸的品质从而卖个好价钱，另一方面是因为几乎很少有人能够承受剧烈的松茸价格浮动给他们带来的风险。可以说这四五十个小时的松茸商品流动过程是惊心动魄的，它好像一场战争，在这个过程中决定了谁获利而谁失败。

在迪庆州7~9月松茸成熟的季节里，这样惊心动魄的四五十个小时始

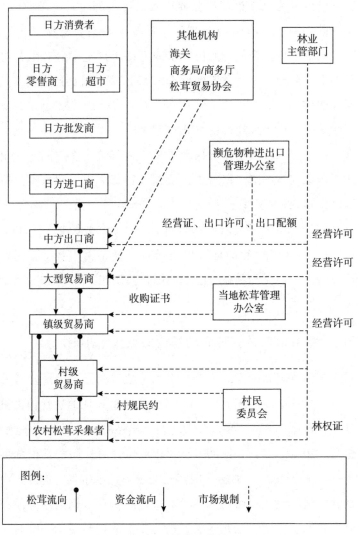

图 4-1 松茸价值链

资料来源：He, 2010。

于每一天当地人采摘松茸。虽然迪庆州是藏族自治州，但是在松茸的采集过程中并不只有藏族群众参与此活动，只要是能出松茸的地方就一定有当地的老百姓从事此活动。松茸的采集活动涉及藏族、彝族、纳西族、傈僳族、白族等民族。松茸的采集者，一般在早上6点多上山采摘。由于松茸必须与森林共生，所以一般的松茸采集地都远离村庄。采集者们在多数情况下会携带午饭以便能有更多的时间寻找松茸。他们一般在下午 4 点左右回到村子，或到松茸的收购点。下午 4 点也是多数中间商到村里或松茸收购点开始松茸买卖的时间。在松茸采集活动中妇女要比男人多，但这不意味着松茸采集仅仅是妇女的工作；事实上，采集季节一到，几乎所有的劳动力都参与到了这项采集活动中。他们构成了松茸价值链的第一层参与者。

松茸价值链的第二层参与者是小规模的中间商（俗称小老板），他们或到村内收购，或在路边购买农户采来的松茸，有的也在村子设立的固定市场内租用小摊位收购松茸。在村子内收购松茸仅仅需要很少的一部分资金投入（1000~5000 元），这使得很多的人特别是不少村民也卷入这笔交易中，其中藏族占据了大多数，还有部分喇嘛或尼姑。收购中，部分中间商在收购到一定数量的松茸后，会在晚上租用出租车或小面包车把松茸集中到香格里拉的松茸市场，卖给香格里拉城里的中间商。然而，大多数的小型中间商不把松茸送到香格里拉出售，他们大多选择把当天收购的松茸集中出售给一个资金较多的人，让他租车到香格里拉出售。因此，几乎小型中间商都是在当天就完成他们的交易。一般在当地出售的松茸在晚上 6 点后就可以完成交易，而那些运往香格里拉销售的松茸在晚上 11 点以前完成交易。当然，在运往香格里拉的途中，不少小型中间商也会在路上就把松茸卖给一些货量比较大的中型中间商（俗称大老板），或与他们同一水平的中间商，这样他们可以节省一部分路费。因此，商品化的松茸在这一层次的价值链上就可以发生 3~4 次的倒手转卖，也是在这一层次的价值链上，商人们开始根据大小、成色、鲜度对松茸进行分级，因而在此阶段就有不少农民和商人、商人和商人针对品质而讨价还价。这个分级是较为粗略的，一般仅把松茸分为特级、AB 级、童茸、过熟松茸（后两个为级外品），而大多数情况下都是不分级的统收（俗称"一炮价"或"一炮调"）。

经过不到 5 个小时的运输，几乎所有当天采集的松茸都被聚集到了香格里拉的松茸市场里，或者是一些公司在当地的办事处。在香格里拉松茸市场内，中型中间商有 150 户左右，他们大多租用了松茸市场的房子进行松茸收购，同时拥有冰柜以确保松茸新鲜。这些中型中间商小部分为汉族、纳西族、藏族等，其中的绝大多数是来自楚雄的汉族。就是在这里，中间商把收购来的松茸进行更细致一些的分级，有的分为 5 个级别，有的分为 7 个级别。到了晚上 8～11 点是小型中间商来交松茸的时间，在松茸市场的商人们把从小型中间商处买到的松茸进行分级、打包、冷冻。有的把松茸当晚用夜班车发到昆明，但大多数的中间商则选择将松茸进行冷冻，待第二天上午 8 点左右用飞机发往昆明。当然，在香格里拉松茸市场内，商人们不一定都把松茸发往昆明，他们之间会根据行情进行交易。因此在整个市场中，商人们不停地对品质和价格进行商讨。此外，把松茸从迪庆运到昆明，不论是陆路，还是空运托运，都必须缴纳三种税费："农林特产税"、"工商管理费"和"植物检疫费"。

松茸一般能在上午 10～11 点被运到昆明，香格里拉的中间商在发货之前就已经和昆明的出口公司或大中间商达成协议，因而交易的过程比较简单。在昆明的大中间商有 50～60 家，但是只有 32 家出口公司有松茸出口权。所以，在昆明的大老板不得不通过这 32 家出口公司以出口代理的方式代办出口业务。出口前，松茸必须被运到冷库保鲜，同时还要根据 17 个规格的分级标准对松茸进行更细致的分级，然后报关、报疫办理出口手续，进行出口检查和检疫，这些工作可以于当天晚上完成。然后，一般于第二天凌晨在机场办理完相关手续后，于上午 7 点左右将松茸空运到上海，再在上海转机，由上海到大阪的直飞飞机直接运抵日本。松茸一般在第二天的下午就可以进入日本大阪的中央批发市场。松茸通过在中央批发市场的拍卖，而后进入超市和零售市场。

4　松茸价值链内部成本利润分析

因为松茸价值会随时间的流逝迅速下降，而且松茸的价格波动也是让人捉摸不透、无法预测的，任何人都无法做到把松茸留到价格合适时卖出。因此，松茸贸易对于所有松茸交易参与者而言都是具有很大风险的。个别参与者所面临的风险大小以及他们能从中获得的利益是与他们在松茸贸易中的交易量有一定的关系的。从某种角度而言，沿着松茸价值链是难以评估链中真正的赢家和输家的。然而，在价值链各环节中利润的明显区别会以某些形式呈现。

出口公司控制出口权并在获利最高的节点垄断市场以从中获取利润，尽管它们中的多数并没有直接从事松茸流通业务。限制性以及有选择性的出口许可使出口公司获得了经营大多数出口贸易业务的优势，同时从没有出口权的中间商那里获得了利润。出口公司无须承担松茸价格变化或品质下降的任何风险，还能从政府的税收补贴政策中获利。这样一来，出口公司参与出口的投资相对较低，它们面临的价格波动风险和松茸品质下降风险很小，因此一些出口公司获得了较大比例的利润。

同时，中间商获得了合理的利润，因为他们的确投入了大量的资源以及资金并承担了价格变化中最大的风险。镇级贸易商对村级贸易商进入交易活动起到了至关重要的作用，重要的是让村民采集者从松茸交易中获得了收入。

法律上和实践中的机制构成了松茸价值链的原理，表4-2列出了直接参与交易的各类参与者的利益获取及其分析情况。显然，基于价格和非价格机制以及多种经济、文化和与政策有关的因素，市场能够保持对资源的准入与获取。

表4-2 各类参与者利益获取及其分析情况

参与者	群体规模（家）	年平均净收入（元）	单位利润（元/公斤）	参与者群体内部分配情况
采集者	—	0.5万~3万	280	不均匀
小型中间商	—	1万~5万	20	不均匀
大中间商	50~60	5万~20万	13	不均匀
出口公司	11	100万~500万	35	不均匀

资料来源：田野调查。

5 松茸交易的模式

中国自1979年开始逐步打破中央统购统销的计划经济体制后，社会主义市场经济体制开始在沿海地区试行。到了90年代，以东部沿海为龙头带动的社会主义市场经济体制开始在全国推行。在取消了农副产品地区间的贸易限制后，农副产品流通基本走向了市场化。然而，历史的、文化的、集体主义的、政策的因素问题是否就能一下被全部解决呢？目前我国农村的农副产品市场是否按新古典经济主义的论断那样以比较优势来实现资源配置和市场交易的呢？在实践中，市场的因素并不简单，人们的交易行为不仅仅受到比较优势的影响，更多的也受到文化的、道德的、政治的影响（何丕坤、何俊，2003）。这些多方因素的影响，不但决定了谁可以进入市场中，而且决定了谁可以控制市场，以及谁能从市场中得到更多收益。对此，针对谁可以控制市场、谁可以获得收益，本研究就目前松茸交易的几种模式逐一进行阐述和分析。

5.1　老板垄断式

在迪庆州的很多地方松茸交易的模式为老板垄断式，尤其是在一些松茸产量不太高的村子，到村内收购松茸的中间商不多，交易成本较高，从而造成了老板垄断式的松茸交易模式。总的来说，老板垄断式的松茸交易模式出现在松茸价值链中较低的一个层次；而随着商品流动性逐渐增强，信息公开化、竞争的交易成本减小，老板垄断式也就不可能存在了。

一般来说，老板垄断式的松茸交易模式表现为，外面的老板到村落收购松茸时，通过对价格和质量的控制来实现垄断。在一些松茸产量少的村落、路旁或是小的松茸收购点，可以看到三五成群的老板在等候收购。在收购过程中，一般是农民先拿出松茸，然后老板根据质量报价。当然，农户会对质量认定有异议并还价给老板，但是这样的讨价还价一般并不能带来价格的太大变化。此外，由于来收购的老板并不多，通常农民不能对销售对象有太多的选择余地。

在另一些地方，我们可以发现有5~7个老板在同一个地方收购，然而他们往往是某一个大老板的"下线"或"托"。这样的松茸收购是在同一个老板的控制下进行的。一般情况下，大老板给一个报价，让他的同伴和他一起在同一个地方收购，到收购完毕、所有的农民走后，松茸又集中到那个老板手中，而大老板会根据每个小老板的收购量给予一定现金作为劳务费。在这样的模式中，农户在出售松茸时似乎有5~7个销售对象可以选择，有时甚至可以看见小老板到路上和村子外找农户，从而形成竞争的假象。然而实际上，这5~7个老板在价格制定和质量确定上都是一致的，并且受到同一个大老板的控制。因此，无论农户卖给哪个老板，实际上在价格上并没有什么区别。

老板垄断式的形成主要是由于部分村落分散、松茸产量少，从而造成信息流通速度慢、收购的老板少，因而缺乏竞争。由此，形成了老板对某一地区信息的封锁，从而达到对市场的垄断，最终获得更多的收益。这种老板对市场的控制并不是完全的和绝对的，在实际中也有农民对于价格和质量认定不满意，对老板的市场控制进行挑战，形成了市场中权力拥有者（老板）和缺乏权力者（农民）之间的冲突，从而使市场向更有利于弱势群体的一方发展。

5.2 亲朋好友式

可以说亲朋好友式的松茸交易模式渗透到了迪庆州每一个角落，有松茸交易就有亲朋好友式的交易模式。同时，在松茸价值链中的每一个环节几乎都存在亲朋好友关系，它可能是农户与中间商之间、小老板与大老板之间、老板与公司之间、老板或公司与政府部门之间的亲朋好友关系。虽然不是所有的亲朋好友关系都能在价格或者质量认定上对松茸交易起到决定性的作用，但是在实际的松茸交易中，有不少基于亲朋好友关系的当地做法和实践是为了让更多的人从松茸交易中受益。

迪庆的农村市场中，我们可以发现有不少地方的村一级的松茸收购点，中间商是村子里的人，是村里有一定资金的人。因而在松茸收购时，这些"自己人"与村民之间的关系就不再是简单的"销售者"与"收购者"的经济关系，他们之间更加上了亲朋好友等的文化社会联系。所以，在交易过程中，买家一般不一味地杀低价格，卖家也不强烈地要求提高价格。在有的交易中，会出现这样一种情况，卖方在谈妥的价格的基础上，付给农民更多现金，例如在一个给定的数额上把零头添为整数，这样农民实际得到的收益也就多了一点。同时，在交易中质量认定标准的略微下调也是亲朋好友式松茸交易模式的一种体现。此外，在松茸市场交易中，还可以发现当地中间商趋于在交易中让利于老人和那些家庭有困难的松茸采集者，这种让利的方式同样以降低质量认定标准或数额上的零头添整来体现。因而在这种关系下，我们往往可以发现农户与当地中间商之间有良好的关系，并且双方通过一些互惠互利的买卖方式来保持他们之间的关系和联系。

在中间商与中间商之间，亲朋好友式的交易更为普遍。有很多时候，我们可以发现在迪庆州松茸的主要收购者是来自楚雄的禄丰人或南平人，但是在村子内进行收购的大多是当地的藏族农户。也就是说，这些楚雄人要通过一定的策略才能获得在当地农村市场的准入，以便他们收购松茸。无论是在香格里拉，还是在德钦，这些所谓的"外来者"（楚雄人）都采取雇用当地"代理"的方式来进入市场。可以发现，在村社一级的松茸市场内，几乎每一个非迪庆州的松茸收购商身边都有一个当地的藏族人或迪庆人。这个人就是"代理"，在不同的情况下，"代理"所扮演的角色不同，角色的不同反映了"代理"在市场中的权力的大小。有的时候，"外来者"雇用"代理"仅是让他们在松茸交易过程担任翻译和做一些协调工作。在这种情况下，对于价格和质量的认定权都掌握在"外来者"手里。虽然"代理"可以因为他与农户间的社会联系通过藏语告诉农户一些信息或在讨价还价中协助农户，但是这些信息和协助是有限的，因为"代理"也要保住他和"外来者"的长期关系来确保他能得到"代理"费。此外，一些"外来者"也会把买卖中定价和定质的权力真正交给"代理"。研究发现，在这种情况下，"代理"掌握了整个交易的过程，包括定价、质量认定、重量衡量等，而且整个过程都是用藏语进行的，而"外来者"更多扮演的角色是监督者和收款人。这样的"代理"能掌握更多的主动权并通过努力给当地松茸采集者带来更多收益。很明显，一方面，"代理"要维持他们和"外来者"的关系；另一方面，要通过他们的技巧来使当地的农户得到更多的收益。在这两种情况下，"代理"所扮演的角色有所不同，所掌握的权力有所不同，但是无论是对上一级的"外来者"，还是对农户，都体现了一种亲朋好友式的关系，民族性和文化蕴含在经济活动中。

同时在贸易中，中间商与中间商可以是更互惠的。由于松茸价格浮动较大，商人们很难把握住其变化趋势，所以也就有了互补的方式。很多到农村收购的中间商，在每天上午收购前都要通过电话得到与他联系的大中间商的报价，根据报价来进行当天的收购。上山进行收购时，去的地方是手机没有信号的大山。到了晚上交货时，如果价格大幅下降，大中间商并不会无情地按现行价进行交易，相反他们仍然按原来的价格进行收购，而在质量认定上则较为严格。也有的时候，他们会商量出一个中间价格来达成交易。无论如何，其目的都是让低一层的收购商不至于血本无归，而更多地通过风险的共担，把损失归到大中间商处，以此来建立他们的"资助者和客户的关系"（patron-client relationships）。

总而言之，亲朋好友式的交易模式在松茸交易中占有重要地位，尤其是在农村一级的市场和小中间商一级的价值链中。它使得整个松茸交易并不是赤裸裸的资本主义市场贸易，而更多的是通过一个较为人性的、社会的、文化的和道德的方式让更多的人参与到松茸交易中，让更多的人得到收益，并且通过较为社会的和道德的方式给予弱势群体比以往更多的利益，这强化了当地人与人之间的社会和文化联系。因此，它不但保证了文化为经济服务，而且促进了经济为文化服务。

5.3　自由竞争式

自由竞争式的松茸交易模式是指买卖双方达成交易时仅以货品的比较价格优势来衡量是否进行交易，换句话说，货品的价格和品质是交易达成的影响因素。这就是新古典主义经济学一直倡导的，在不受任何外在因素影响的情况下（如政府干预、部门垄断等），把价格变为主导市场的唯一要素。并且新古典主义经济学认为在自由竞争的市场中价格杠杆可以有效地、平等地和公平地实现资源分配与利润分配。

在松茸的交易市场中，有很多的交易模式表现得更像是自由竞争式。在一些松茸产量较大的村子，村里用木板搭建起一个能容纳 10~30 个摊位不等的松茸市场。同时，村里也要求松茸交易必须在下午 5 点或 6 点开始。这样的方式可以保证所有的收购商集中在一起，在同一时间开始报价收购，自然也就能实现信息较透明和公平地在市场内传播。在这样的市场内，我们可以看到下午松茸市场在村主任（或村干部）的一声哨响后开始了忙忙碌碌的交易，农户与收购商开始就价格、质量认定、重量不停地进行商讨并讨价还价。很多的农户不停地根据不同中间商的报价选择他们的交易对象，而中间商也多根据对质量和价格的比较来决定是否购买松茸。除了价值链下端的极少部分农村市场外，在香格里拉的松茸交易市场中和昆明机场的松茸集散地里，中间商间的交易也多表现为以价格和质量为导向的自由竞争式交易。当然，在价值链更高的层次，出口商与日本商人之间的交易、日本当地的分销分售也多是通过自由竞争来实现的。

然而，松茸市场的自由竞争并不像新古典主义经济学所阐述的那样，不同的商家完全根据对质量和价格的比较来达成交易。市场中多多少少都涉及一些人情世故、亲朋关系等的社会联系来影响交易的达成。因而这里所指的是一种相对的自由竞争，而非绝对的。自然，这种相对的自由竞争也能在一定程度上实现信息的有效沟通和资源的公平分配。同时可以看到这种公平是基于资本主义市场经济价值观的公平，它是一种竞争的公平，不一定是社会的公平和文化的公平；更重要的是，它不能代表一种普遍的社会性的公平，即把资源更多流向弱势群体，让弱势群体在不利于他们的竞争中获得更多收益。

5.4 政策管理式

政策管理是指在市场中商品交易的过程受政策管理。在政策管理式交易模式中，政府可以通过许可证、限额、进出口权、进出口壁垒、最低或最高市场准入标准、准入费、企业登记注册等手段来控制市场准入。同时可以通过税收、关税壁垒、贴息、补贴等财政手段来改变市场运行规则，从而最终改变市场准入方式和企业的市场占有份额。

松茸市场在出口环节是一个高度由政策管理的市场。由于受到出口权管控和经营行业的管治，从 20 世纪 80 年代云南开始松茸出口以来，最早只有云南土产进出口有限公司和云南省粮油食品进出口公司经营松茸出口业务，形成了一定的垄断经营局面。随着改革开放的深入，行业垄断被逐步打破，同时政策上也允许多种所有制企业实体经营外贸业务。如今涉及松茸出口业务的企业包括国有企业、私人企业、合资企业及外资企业，但是并不是所有的企业都可以直接进行松茸出口业务。要被获准进行松茸出口业务需要满足三个条件：①企业必须获得商务部的出口许可；②年出口松茸必须在 20 吨以上；③由于松茸被列入国家二级保护植物，松茸出口企业必须有由中华人民共和国濒危物种进出口管理办公室发放的出口许可证。出口许可和最低出口数量限制了松茸出口企业的数量，虽然经营松茸进出口的企业有 30 多家，但实际上涉及松茸出口的企业远远超过了这个数字。

出口限制大大强化了政策在出口环节的影响，同时造成了利益分配的问题。研究发现，在被允许经营松茸出口业务的 32 家出口企业中，只有不到 1/5 的公司能够直接到产地收购，其他都为代理。也就是说在实际出口业务中，大部分的出口企业并不是真正地在进行松茸买卖，而是在"出售"出口权。很多企业或大中间商拥有自己的日本客户，可以自己和客户联系，却没有权力经营出口业务，简单来说就是不能办理报关、报检、结汇等出口手续。因而，这样的企业或中间商就不得不依托一个出口企业利用它们的出口权来进行出口，即代理出口。在实践中，代理出口企业并不买下松茸，仅仅是以自己的名义办理出口手续，所以它们并不承担价格变动、质量下降、运输货损等风险。同时，代理出口企业不但可以从代理商处获得货款 10%~20% 不等的代理费，还可以根据松茸出口量和换汇数额享受国家给予的贴息与退税等优惠政策。

很明显，出口管制尤其是出口权的审批制度，强化了松茸出口环节政策的作用。这种政策管理式的交易模式通过市场准入的限制，控制了可以从事松茸出口业务的企业数量，最终决定了利润分配的方式。在出口环节，代理出口企业几乎不承担任何风险，却获得了很大的收益和政策优惠；相反，被代理商不但要支付"购买"出口权的代理费，还要承担巨大的风险，并且不能享受国家的优惠和补贴。因此，这就造成了有政策的就有市场、有市场的就有收益的垄断局面，使得在出口环节不能保证有效竞争，同时使得我国松茸出口的成本大大增加，削弱了市场竞争力。

6 讨论与反思

对于松茸管理这个复杂的问题，很难较全面地阐述和分析在采集、收购、流通、销售等环节出现的不同问题。同时，基于不同的学科背景，不同的学者从不同的角度来看待和分析松茸管理的问题。例如，经济学家较重视每一个环节的成本利润分析、企业运营战略分析等，生物学家把市场对生境的影响作为研究重点，政治学家着重于把世界政治经济体系对松茸产业的影响作为研究中心。无论如何，研究者都在基于自己的研究重点联系其他学科，试图较全面地看待松茸管理问题。本研究从经济人类学的视角描述和分析了松茸的价值链，现就研究结果在理论上和实践上进行讨论与反思。

6.1 理论讨论与反思

（1）经济学、市场和价值链

在经济学中存在着理论上两大学派的争论——形式主义和实证主义。这是新古典经济学与经济人类学的冲突。新古典经济学认为人类的经济行为更多取决于纯粹的经济理性抉择（rational choice），在理性抉择的基础上比较价格是经济学中决定交易产生的内在规律。然而，经济人类学则认为人类的经济行为更多取决于非经济因素，而不是纯粹的经济理性抉择。Scott（1976）提出的"道德经济"（moral economy）的概念阐明了人类的经济行为与他所处的社会关系和社会经济系统有密切的联系。本研究充分证明了这一点。在亲朋好友式的松茸交易中，亲朋好友的关系和文化的内在连续往往决定着经济行为产生的过程与结果。这不但决定了谁可以进入市场，而且决定了谁可以控制市场、谁能从市场中得到更多收益。

此外，政策的因素十分重要，在本研究中可以发现出口权直接影响了市场交易的方式和利益的获得。因而在政策管理式的松茸交易中，经济行为往往受到了政策的巨大影响。可见，市场本身并不是一个纯粹的经济实体，它包含了经济的、文化的、民族的、政治的因素。所以，价值链的形成和买方与卖方的联系更多地基于不同因素的社会联系和社会网络，而非纯粹的经济联系和经济网络（何丕坤、何俊，2003；He，2002）。

（2）文化、政策和机制

人们在日常的谈话中常常把市场视为交易的场所、一个地方。实际上，市场是一种机制，一种资源配置的机制，一种人和人、人和机构之间发生互动关系的机制。因而，市场机制也就制约了人和人的关系以及人类行为产生的方式。在市场机制的研究中，过去过多地考虑了以价格为基础的机制（price-based mechanisms）所构建的市场机制，或称为比较价格的规律。然而，基于上面的讨论和本研究的实例，我们可以看到市场机制的多重性。文化的、政策的、道德的因素都成了市场机制的重要组成部分。例如，亲朋好友式松茸交易模式中的"资助者和客户的关系"、政策管理式交易模式中的出口权管理等非价格的机制成了市场构建的机制，这些构建的机制被用来制约人类的经济行为和价值链的形成。因此研究市场不仅仅是研究价格体制，而且是研究市场中的多重机制——文化的、社会的、地方组织的、正式的、非正式的、政策的机制综合起来对价格机制和交易行为的影响（He，2002）。

（3）控制和权力

在研究中我们可以清楚地发现权力和控制的关系，这种关系决定了最终利润的流向和分配的机制。此处的权力可以泛指"一种对他人行为的影响"，也就是说权力不仅是指政治权力和经济权力，同时还是一种更广泛的对他人行为和思想的影响。正如亲朋好友式的松茸交易模式中，在外来者到一个村子内收购松茸时一般都有当地的"代理"或"翻译"，这种控制大大增加了当地人从松茸产业中获得收益的机会，同时在一定程度上减少了外来力量对当地的控制，创造了当地与外界对话和商谈的机会。

此外，在老板控制式松茸交易模式中，我们可以发现老板们通过掌握信息并结成团伙增强了他们在市场中的权力，达到了控制市场的目的，最终使得他们获得了更多的收益。因此，对于权力和控制的研究不能仅仅停留在政治和经济的方面，而应该把社会、文化、信息流通等方面考虑在内来进行探讨。只有通过这种探讨才能真正认识到谁有什么权力、谁控制什么资源，最终就可以分析出谁获得更多的收益。

6.2 实践讨论与反思

（1）关于地方老板和中间商

在过去的实践中，决策者们时常认为地方小老板和地方中间商在一定程度上获得了交易中的大部分利润，因此推测他们是利润的最大获取者，而农民往往是吃亏的，所以"公司+农户"的模式成了最佳的选择。通过本研究我们可以清楚地发现，对于中间商的争论应该因地而议。就松茸市场而言，大多数的中间商不但要承担很高的交易成本到大山里直接向农户收购松茸，而且还要面临松茸价格浮动的巨大风险。综合分析来看，他们负责把松茸在较短的时间内从山区运出以保证质量，同时也把松茸交易的风险分摊到了更广泛的人群中。因此，地方中间商在市场中扮演着十分重要的角色。如果让几家公司来完成收购，很有可能出现的是无法保证所有农户的松茸都按时被收购的情况，同时这些公司也无法单独承担价格浮动的巨大风险，最终很有可能的结果是农民由于无法按时出售松茸或松茸价格变动成为最大的损失者。

此外，我们可以看到在亲朋好友式的松茸交易中，中间商与农户的互动关系还发挥着社会和文化功能，这种功能促进了社会交流，以及社会的良性发展。同时，"公司+农户"模式也能通过增加就业机会部分地解决农村剩余劳动力的问题。因此"公司+农户"模式的推广应该充分考虑中间商的作用，因地制宜，不能搞"一刀切"。

当然，本研究发现，在部分松茸产量较少的地区，收购的中间商也较少，因此出现了老板控制市场的局面，使得中间商得到了更多的利润。就此而言，我们必须引入竞争的机制，在交通便利的地方由当地和邻近村落建立松茸交易市场。这样可以让邻近村落的农户都到此交易，自然而然地也就能集中松茸资源，从而吸引更多的中间商到此收购，促进了市场竞争。同时，这不但有助于市场管理，还可以通过出租市场摊位增加村子的收入。

（2）出口环节管理

在松茸被列为国家二级保护植物加以管理以来，中华人民共和国濒危物种进出口管理办公室昆明办事处（以下简称"濒管办"）对出口松茸通过发放出口许可证进行管理。借此机会"濒管办"应对松茸管理和交易多做加强群众环境意识教育方面的工作，尤其是加强对于中间商的教育。研究发现，过去我们做了很多农户的环境意识教育，现在老百姓的意识增强了。然而，在很多地方中间商却对松茸的永续利用的知识一无所知，他们还在收购童茸。在经济利益的驱使下，不少农户就不在乎环境问题了。所以，对于中间商的环境意识教育成了当务之急。

（3）市场管理与松茸管理

松茸管理是个复杂的问题，本研究涉及的仅仅是市场方面的一个侧面。但是有一点可以肯定，加强了市场管理也就保证了资源管理。对于商业化后的松茸，加强市场管理是获得资源管理成功的关键。以童茸的收购为例，对中间商的环境意识教育自然可以改善大量收购童茸的局面。同时，在市场中进行巡查监管也是避免童茸收购的有效做法。研究发现，有不少地方的村级市场加强了对童茸收购的管理，然而在香格里拉的松茸市场中，监管不严的局面严重影响了村级市场中农民的自我监管。因此，对于市场必须加强不同层次的监管，村级市场由村民小组负责，县级市场由县级松茸管理办公室负责，昆明市场由检验检疫部门联合外贸部门和"濒管办"负责。同时，必须严格执行规定，不然就可能造成上级市场监管不严影响下级市场的情况，正所谓"上梁不正下梁歪"。在研究中还发现，很多童茸和过熟松茸被卖到四川或在当地进行加工处理。因此，在童茸管理上，不但要监管加工企业，还要考虑构建跨省（区、市）的联合监管体系。

第五章　虫草价值链

1　引言

虫草，又被称为冬虫夏草，是生长在我国青藏高原的一种大型真菌。据《本草从新》记载，我国早在清代就开始把虫草作为传统中药，以补肺益肾、化痰止咳。然而，过去的一段时间，虫草一直没有受到广泛的关注和重视，如今伴随着经济的发展和中医再度兴起，人们对于购买和消费虫草的热情日渐高涨。因为其生长在海拔较高的雪域高原，并且至今无法人工种植，因此虫草被认为是"纯天然""原生态""药效奇特"的传统中药，受到了城市消费者，尤其是中产阶级和高端消费者的追捧。由于消费市场的巨大需求，其价格一路攀升，甚至有人拿它与黄金相比较，这充分说明其高昂的价格和资源的稀缺性。

然而，同其他的野生菌一样，商业化和市场化在为当地农户带来经济收入的同时，也对资源的可持续利用构成了巨大的挑战，虫草资源也不例外。每年春天数以万计的虫草采集大军会走上雪域高原——海拔4000米以上的高山草地，采集这高原上的"软黄金"。由于虫草经济价值极高，而且过去属于开发性资源，很多地方出现了竞争性采集、破坏性采集，随之而来的是高原地区脆弱草场生态系统的破坏。草场生态系统的破坏不仅对牧业产生影响，而且破坏了虫草的生境，造成虫草产量的下降。同时，虫草市场需求巨大且多样，市场交易复杂，其不但有巨大的国内消费市场，同时海外的华人也是其消费群体。因此，在复杂的价值链下少数民族农户的收益如何，以及他们在价值链中是什么角色值得去进一步研究。

本节依然采用前面介绍过的价值链的方法对虫草的采集、收购、销售等环节开展价值链分析，目的在于呈现虫草采集和销售的状况，以及可持续发展面临的挑战和可能的改善措施。本章共分为八部分，第二部分从生态学上介绍虫草的自然生态特征；第三部分讲述虫草商业化的过程以及目前市场发展的趋势；第四部分介绍虫草价值链的流程以及交易的过程；第五部分和第六部分分析价值链的参与者的特征以及他们的利润分配模式；第七部分分析虫草价值链的参与机制；第八部分是结论和政策建议。

2　虫草的自然生态特征

2.1　虫草的自然特征

虫草，又名冬虫夏草，拉丁学名为 Ophiocordyceps sinensis。虫草是一种生长在青藏高原高海拔环境下的子囊真菌。从分类学上来说，虫草隶属于子囊菌门、核菌纲、麦角菌目、线虫草科、线虫草属（李文才，2011）。虫草是由侵染青藏高原高山草甸土中的蝙蝠蛾昆虫幼虫而形成的菌虫复合体，是冬虫夏草菌寄生在蝙蝠蛾幼虫上的子座及幼虫尸体的复合体（向丽，2013）。

自然界中，冬虫夏草菌的寄生时间与寄主幼虫的生长时间一致，通常需要 4~5 年，故称"冬虫"。冬虫夏草菌通常将末龄幼虫杀死，从 9 月至次年 3 月可形成菌核并长出短小的子座。待到 4~5 月温度升高后，从寄主幼虫头部形成的子座上继续生长并伸出地面，状似嫩草，故称"夏草"（向丽，2013）。6~7 月子囊孢子成熟，散落到土壤中，完成一个生活周期，故而得名"冬虫夏草"（向丽，2013）。从形态学来说，正品冬虫夏草的形态特征如下：虫体呈深黄色或棕黄色，体长差异较大，通常为 3~5 厘米；头部呈红橙色；虫体有 20~30 个环纹，近头部颜色较浅，环纹细；胸足 3 对，腹足 5 对，中部 4 对明显；子座单一，有 2~3 个分支；通常只从寄主幼虫的头部长出，长 2.5~11 厘米；成熟时的菌柄长达 6 厘米，深棕色；先端不孕，子囊壳近表面密生于子座中上部（向丽，2013）。

植物学家还发现，虫草的形成是真菌寄生在白女巫蛾的地下住宅中的幼虫中，而寄主属于蝙蝠蛾（Shrestha et al.，2010）。这种幼虫大多生活在草原土壤中和沙滩上，但最常见的是生活在海拔 3500～4500 米的高山草场上。真菌在侵染宿主的过程中将幼虫主体转化为菌核，真菌的子实体从该菌根部生长。Wang 等（2011）确定了分布在青藏高原的五种潜在寄主物种。在生境上，宿主的潜在栖息地是高海拔草原和高山草甸（Shrestha et al.，2010）。此外，寄主幼虫属于杂食性动物，其取食的物种涉及 19 个科，主要包括莎草科、禾本科、毛茛科、蓼科、水麦冬科和菊科等。因此，生长有这些物种的高山草场是虫草主要的生境。然而，迄今为止，由于人们对冬虫夏草菌在侵染宿主过程中的真菌致病性、高海拔生态环境适应性及背后的遗传基础认识不足，其人工栽培尚未完全取得成功（向丽，2013）。

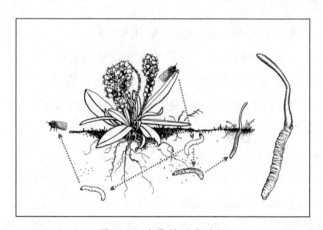

图 5-1　虫草的形成过程

图片来源：杨建昆绘制。

2.2　虫草的分布

从全球分布来说，目前发现的冬虫夏草有 300～400 种（Kobayasi，1982；Sung et al.，2007）。据报道，中国大约有 68 种，青藏高原和喜马拉雅山脉地区共有 33 种（Sung et al.，2007）。在我国，冬虫夏草主要分布于青藏高原，其分布地一般海拔在 3000～5000 米，常分布于高山草甸。据统计，青藏高原的虫草产量占全世界总产量的 90% 左右，而在尼泊尔、不丹也有少量分布（向丽，2013）。在我国，具体来说，虫草的分布地区主要集中于西藏、青海、四川、云南和甘肃 5 个省区，虫草常出现于年降水量少于 300 毫米的高山地区的干燥部分（Winkler，2008）。

由于受到自然生境的影响，虫草的分布总体上不平衡。同时，在我国 5 个省区各区域内的分布也极为不平衡，详见表 5-1。根据向丽（2013）对文献的梳理和总结，青海是虫草分布最为广泛、产量也最高的省份，青海境内 29 个县都有虫草分布，总面积约为 6573 万亩，产量占全国总产量的 60%～70%。此外，分布最广的是西藏，在西藏有 55 个县出产虫草。2011 年，仅那曲和昌都的虫草产量就达到了 31 吨。而云南、四川和甘肃相对分布较少并且产量较低。同时，作为商品，青海和西藏的虫草品种被认为是最好的，尤其是青海的虫草颜色较黄、个头较大，一般为上等品。而云南等地，包括从尼泊尔和不丹进口到中国的虫草，由于颜色暗黑、个头小且不饱满，一般被认为是下等品。

表 5-1 虫草分布区域

省区	集中分布	中度分布	零星分布
青海	玉树州、果洛州	黄南州、海南州、海北州	海西州、海东市、西宁市
西藏	那曲市、昌都市	山南市、林芝市	拉萨市、日喀则市
四川	白玉县、理塘县、甘孜县、德格县	阿坝县	凉山州、攀枝花市
云南	迪庆州	—	丽江市、大理州、怒江州
甘肃	玛曲县、碌曲县、夏河县	—	—

资料来源：整理自向丽，2013。

3 虫草的商业化过程

在我国，虫草是一种传统的名贵中药材，被称为"中药三宝"之一，具有较高的药用和科研价值；虫草也是世界上最珍贵的蘑菇物种之一，对青藏高原及邻近地区的经济发展起着重要作用（Winkler，2008）。过去，人们利用虫草来治疗不同的疾病，如腹泻、头痛、咳嗽、风湿病、肝脏疾病，也用作壮阳药。研究表明，使用冬虫夏草可以提高细胞内 ATP（异常凝血酶原）的水平（Namgyel，2003）并增强肌肉利用氧的能力（Zhu，2004），并对癌症治疗有辅助作用（Paterson，2008；Boonyanuphap and Han-sawasdi，2011；De Silva et al.，2012）。因此，人们对于购买和消费冬虫夏草的热情日渐高涨。正因为其生长在海拔较高的雪域高原，并且至今无法进行人工种植，因此，虫草被认为是"纯天然""原生态""药效奇特"的传统中药，受到了城市消费者，尤其是中产阶级和高端消费者的追捧。对于虫草的消费不仅是为了治病求医，也是为了馈赠亲友，更是身份和地位的象征。

图 5-2　虫草产地价格变化

资料来源：整理自尕丹才让、李忠民，2012；He，2018。

近年来，随着虫草药用价值不断地被发掘，商业化的发展越来越快，这造成国内和国际市场对虫草的需求量剧增，并推动其价格急剧攀升。据报道，从 2009 年到 2014 年，虫草的价格一直在飞速上升。在 2009 年的收购市场上，3000 根/公斤的虫草价格为 10 万～13 万元/公斤，而在 2014 年价格已经到了 16 万～20 万元/公斤。中等规格的虫草在药店的售价高达 30 万元/公斤，折合 300 元/克、100 元/根。这也是虫草被誉为"软黄金"的原因。同时，据报道，全球每年虫草的采集量为 85～185 吨，由于缺乏关于市场价值增长的数据，以及不同虫草质量之间的差别和不同年份价格的变化，虫草在全球产业中的价值难以估计。但是，虫草价值无疑非常高。虫草成为西藏农村家庭最重要的收入来源，在一些地区甚至占到了家庭总收入的50%~80%（Winkler，2008），同时改变了当地的经济结构。根据西藏的统计数据，每年有超过44万名村民在西藏采集虫草。

表 5-2 我国虫草产量及价格变化

年份	产量（吨）	变化率（%）	消费规模（亿元）	变化率（%）	出口额（美元）	变化率（%）
2009	—	—	—	—	19119837	—
2010	—	—	—	—	39232947	105.19
2011	92	—	136	—	28304625	-27.85
2012	68	-26.09	101	-25.74	18231943	-35.59
2013	133	95.59	159	57.43	10488882	-42.47
2014	70	-47.37	104	-34.59	11417505	8.85

资料来源：中商产业研究院。

在商业利益的驱动下，在虫草商业化的初期，采集规模和产量逐年攀升。以那曲为例，2008年比2000年采集量增加了5倍还多（李文才，2011）。在全国，由于市场和产量的变化，以及受气候等因素的影响，虽然每年虫草产量和消费规模以及出口金额会发生一定的变化，但是总体上已经形成年消费额超过100亿元、出口额超过千万美元的局面。然而，在这个巨大的产业的推动下，部分地区出现了过度采集，甚至毁灭性采挖的现象。这使得虫草这种野生资源的产量逐年下降并濒临灭绝。由于野生资源的逐年减少，目前我国已将虫草列为国家二级保护物种加以保护。这是我国对于因虫草价值的大幅增长、需求急剧上升而导致的虫草不可持续发展的重要回应。部分地区明确了采集范围，并实施了各种管理措施，包括禁止砍伐木材、禁止挖出幼虫、使用标准挖掘工具，并有义务覆盖挖出的洞等。同时青海等地通过颁发采集许可证以规范采集管理、保护牧场，以及避免其他人为干扰等。

虽然地方政府对于虫草的管理越来越重视，但目前对政策的有效性以及市场管理的研究非常缺乏，尤其是运用价值链方法对整个虫草产业的研究几乎处于空白状态。因此，无论是在资源管理上，还是在市场监管上，都缺乏有力的数据和信息为决策者提供建议和信息保障。在商业化和全球化的大背景下，开展价值链研究十分有利于促进资源和市场的可持续性。

4 虫草价值链描述

虫草的价值链相对复杂，既包括国内消费的部分，也包括国外消费的部分。每年的4月初到7月底是虫草采集的主要时节。在云南，到了虫草采集的时节，成千上万的农户就会走上高山草原开展虫草采集工作。虫草采集并不容易，农户需要趴卧在草地上仔细寻找，如此才能发现从土壤里长出来的小草尖。之后需要挖开盖土取出整个虫草，如果在采挖过程中不小心伤到了子实体，或整个虫草被折断了，那么虫草的质量和价格就会大打折扣。由于虫草不像松茸那样必须销售鲜货，很多农户并不急于在当天出售采集到的虫草，也就没有必要回到家中，或者去地方市场进行销售。因此，有的农户为了能获得更多的虫草，会带上干粮和简易帐篷，到更远、海拔更高的地区去采集，甚至出门一个多月才回家。

农户采集完虫草后并不急于销售，会把虫草储藏起来，等到一定数量后再进行销售。在云南的虫草主产区，农户经常会把虫草带到香格里拉的市场销售。然而，在一些较为偏远的地方则会有地方的中间商到村里开展收购工作，之后再由他们将虫草销售到香格里拉的市场或者四川成都的中心市场。从虫草的国内销售来说，在香格里拉的市场，开有很多的藏族土特产店或旅游商品店，很多从农户手里收购的虫草就直接在此销售给消费者。这里的消费者包括旅游者和当地人。此外，在国内市场这条价值链中，虫草还可以通过当地市场转卖到四川成都和香格里拉。之后那里的批发商会把虫草销售给全国各地的零售商，特别是一些药店，然后再由药店销售给消费者。同时，很多四川成都和香格里拉的中间商和广州与亳州等消费地的批发商有联系，会直接把虫草销售到这些地方的批发市场，再由其销售到全国的零售商或者消费者手中。

云南并不是我国虫草出口的大省。根据调查，重庆、四川和青海是我国虫草出口量比较大的省份。虽然青海的虫草产量居全国榜首，但出口量最大的是四川。因此，正如前面提到的，很多云南的虫草会被转售到四川成都的中心市场，再由这里销往境外。从出口的区域来看，过去主要包括中国香港、日本、中国台湾、加拿大、新加坡、马来西亚，少部分销往欧美的华人社区；如今虫草直接出口的地方是中国香港。随着国内市场的不断扩大，目前大部分的虫草在国内市场销售。

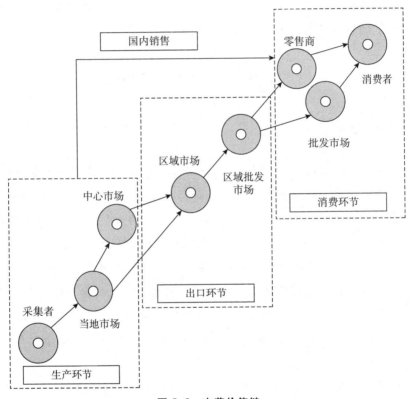

图 5-3　虫草价值链

在虫草价值链中有一个特别的现象，部分虫草会被回购到虫草产地。在 2010 年前后，全国虫草产区价格的飙升，造成产区供不应求的局面，更有部分商家或者大型批发商囤积虫草以抬高价格。然而，在消费环节，由于虫草价格非常高昂，有相当一部分购买者自己并不食用虫草，他们购买虫草的目的主要是送礼，形成"买的人不吃，吃的人不买"的局面。部分收到虫草礼品的人，自己食用不了那么多虫草，则把虫草低价卖给城市里回购虫草的小商贩。之后，这些小商贩又把虫草卖回到产区，以弥补产区产量的不足。这种虫草回购的现象一直到"中央八项规定"出台以后，随着赠送礼品的行为大幅减少，以及虫草回购的反价值链流动消失才慢慢消失。

虫草价值链中还有一个重要的部分是加工公司的参与。加工公司直接从地方市场中收购，并将虫草加工成片剂进行销售。然而，由于本研究主要探讨虫草原产品而非加工产品的价值链，因此这个环节的价值链研究超出了我们的研究范围，在此就不进行细致讨论。

5 虫草价值链参与者分析

5.1 采集者

虫草价值链的最下面一层是虫草的采集者，由于云南省的主要虫草产区集中在滇西北的涉藏地区，所以本研究以奔子栏和东旺两个乡镇为主，共调查了 137 名农户。其中男性共 86 人，占受访人数的 62.8%；女性共 51 人，占受访人数的 37.2%。43.7% 的受访家庭中有外出打工人员。根据问卷数据，农户的收入比较多样化。在家庭主要收入来源中，有 39.4% 的家庭认为野生菌是他们最重要的经济收入来源，其次是参与旅游等活动，以及外出打工。从虫草的收入来看，各户间的差别非常大，从 500 元到 40000 元不等，大多数人的收入在 6000~10000 元。这足以说明虫草在农户家庭经济收入中的重要性。

在采集方面，所有受访者都表示他们每年都会去采集虫草，而且平均有 20 年左右（SD = 4.9）的采集经验，可以看出他们对于虫草采集是非常有经验的。有超过 90% 的农户非常熟悉虫草生长的生境，有的农户甚至表示非常清楚经常出现虫草的具体地点，这保证了他们的收入。对于采集地点来说，极少的农户仅在他们的自留山内采集（占 7.4%），很多农户会在集体林内进行采集（占 40.8%），而大多数农户则随处采集（占 51.8%），他们既会在集体林里采集，也会到国有的山地采集。因此，目前虫草如同其他野生菌一样属于开发索取性资源，由于权属不清，十分容易导致竞争性采集和冲突。

表 5-3　受访农户虫草采集情况

单位：%

虫草采集问题		频率
是否有采集证	是	100
	否	0
采集虫草的频次	经常	100
	偶尔	0
是否认识采集生境	是	91.5
	否	8.5
采集地	自留山	7.4
	集体林	40.8
	随处采集	51.8
采集工具	手	37.1
	木棍	28.8
	锄头/钉耙	34.1
采集后生境保护	无保护	0
	树叶遮盖	100

资料来源：问卷调查。

从采集方式来看，100%的农户在采集完毕后都能用树叶或草来覆盖采集点，以保证采集后的土壤不会直接暴露在阳光之下，造成地下菌受到紫外线直接照射而死亡。在采集工具上则相对比较多样，37.1%的农户基本采用直接用手挖的方式采集。这部分农户多是在国有山地里采集的，由于采集地比较远，土壤受到的人为干扰小，基本没有土壤板结的现象，因此，直接用手就可以采集。而28.8%的农户表示，一般他们会用木棍来撬起一块土，再把虫草从土中取出。还有超过34%的农户表示他们有一个自制的小锄头或钉耙，以把土挖开方便采集。目前由于草场受到人为干扰的情况越来越严重，虫草的商业化采集造成越来越多的农户上山采集，逐渐出现了土地板结的现象，因此用锄头采集的人越来越多。然而，用锄头采集非常容易破坏地下菌丝，影响可持续的采集。由于虫草的特殊性和高经

· 75 ·

济价值，100%的农户都拥有采集证，目前政府仅采取了颁发采集证的方式，而对于采集方式的管理以及相关培训没有做到位。正如松茸管理一样，最终采集证的方式并未能真正实现资源的可持续采集。

在销售方式方面，分级销售和统货销售几乎各占一半（49.6%采取分级销售，50.4%采取统货销售）。由于虫草采集数量少、价格高，分级方式比较简单，基本是按大小（也就是每500克虫草的根数）来分级，因此多数农户会采取分级销售的方式来提高自己的收入。然而，在分级销售中，级别的确定多以目测为主，因此无法精确保证每一个虫草确实属于某一等级。所以在销售中，超过95%的农户会与收购商进行讨价还价。同时这说明了虫草的稀缺性，造成采集者在销售时的优势地位。调查发现，仅13.1%的农户会销售未成熟的虫草，这一点在管理方面比较困难。由于虫草是开放性资源，农户基本上看到就会采集，很难确保农户能保护未成熟的虫草。同时，在销售方面，由于虫草采集地相对偏远，83.2%的采集者会把虫草销售给当地的中间商，10.9%的则把虫草销售给外来的中间商，5.9%的会直接到市场中进行销售。而这部分直接在市场销售的农户主要是居住在香格里拉的农户，他们由于交通便利能直接把虫草作为旅游商品销售。调查还发现，48.5%的农户认为销售的价格相对合理；而由于市场信息的不对称和运输的问题，50.8%的农户认为收购的价格偏低。

表 5-4　受访农户虫草销售情况

单位：%

虫草销售问题		频率
是否分级销售	是	49.6
	否	50.4
是否讨价还价	是	96.2
	否	3.8
是否销售未成熟虫草	是	13.1
	否	86.9

虫草销售问题		频率
销售给谁	地方中间商	83.2
	外来中间商	10.9
	到市场销售	5.9
	直接销售给公司	0
价格是否合理	偏低	50.8
	合理	48.5
	我能卖个好价钱	0.8

资料来源：问卷调查。

在管理方面，超过92.4%的农户认为虫草管理应该采取集体管理的方式，他们普遍认为国家和个人管理并不能有效地保证虫草采集的可持续性。尤其是在采集实践中，集体管理可以形成一个互相监督的机制，而个人管理和国家管理则无法保证这种监督机制的实行。在市场方面，超过67%的农户提出应该由集体与外来老板协商以保证虫草价格相对合理，通过集体的力量来管理基层市场。17.1%的农户认为政府应该出台一定的指导性政策以保证农户的收益，政府的指导性政策包括提供信息和价格披露的渠道、信息公布平台等。而仅有15%的农户认为虫草市场不需要任何管理，应该根据市场价格机制来调节。

为进行有效的资源管理，在小组访谈中农户们发表了自己的意见。几乎所有的农户都认为，保护草场和不过度采集是确保虫草产量的主要途径，对虫草生境的保护是促进可持续利用的重要手段。另外，农户也反映气候变化造成的降雨减少以及草场的退化，是虫草产量下降的主要原因。同时，农户认为在采集方面，过度采集还表现在很多地方，比如采集过早、在虫草子实体没成熟时就开始采集、挖活虫。此外，对于幼虫的母体——白女巫蛾，保证母体产卵，从而促进幼虫的数量增加是提高虫草产量和保证可持续采集的重要手段之一。在采集地点方面，农户表示根据传统的权属边界建立各村的保护点有助于减少冲突。在市场方面，农户普遍表示，要保证价格，需要保护生境、保护草场、做到不过度采集，从而提高产量，并保证产量稳定，只有稳定的产量才能保证稳定的收益。然而，极少有农户考虑通过管理市场实现资源管理，更多的农户考虑通过市场的规范增加经济收入。

5.2 地方中间商

价值链中的第二层是虫草的地方中间商。在香格里拉和德钦，我们对当地从事虫草收购活动的中间商共计 13 人进行了采访，13 名受访对象全部为男性。在民族组成上，藏族占 84.6%，汉族占 15.4%。地方中间商的年龄一般集中在 40~50 岁，同时 63% 以上的地方中间商具有小学以上的学历。因此，从地方中间商的特征来看，他们属于有一定文化水平并且有一定经验的男性。作为地方中间商，他们以藏族为主，而且基本都是当地的村民，这主要是由于藏族能更好地联系村里的采集者，从而收集到更多的虫草。

与经营松茸的中间商一样，收购虫草的中间商不仅局限于虫草业务，超过 40% 的地方中间商还经营其他林副产品的收购工作，包括松茸、其他野生药材，以及核桃等。但对于大多数中间商来说，虫草业务占到了他们所有野生菌收购业务量的 15% 左右，这说明了虫草业务的重要性和虫草极高的经济价值。与其他大宗野生菌收购不同，在收购季节，几乎所有的地方中间商都不需要雇用临时人员帮助收购、运输等，这主要是因为虫草价值过高，体积小、重量轻，方便运输，因此基本不像大宗野生菌那样需要大量的劳动力来完成运输、装卸、包装等环节的工作。同时，有 38% 左右的地方中间商以个人经营的方式开展收购工作，他们既不与人合伙，也不作为公司代表来开展工作；而超过 61% 的中间商则与其他人合伙来收购虫草。访谈中这些中间商反映，由于虫草价值极高，合伙收购的好处在于可以有更充足的资金保障；同时在运输和收购过程中，合伙人之间可以相互照应，较为安全。

在具体的收购工作中，30% 左右的中间商会采取分级收购的方式，而30% 左右的中间商不采取分级收购的方式。有 38% 左右的中间商两种方式都采取，他们会根据虫草具体的品相和大小来决定。按习惯，一般会把特别大的虫草定为特级进行分级收购，而其他常规大小的则采用不分级收购的方式。此外，超过 60% 的中间商仅从农户手中收购虫草，接近 40% 的中间商既从农户那里收购虫草，同时也从其他中间商那收购。对于他们来说，70% 左右的虫草是从农户手中直接收购的，30% 是从其他中间商处收购的。因此，与其他野生菌在地方市场的收购模式一样，虫草的价值链不是一个单一的线性链条，中间商之间的倒买倒卖使其成了一个交错的复杂网络。

在销售方面，50.7% 的中间商有固定的销售渠道，这些销售渠道主要是香格里拉的一些药店或者旅游商品店，也包括外地的批发商（其中包括从四川来的中间商），同时非常少部分的中间商会直接把虫草销售给游客。而 49.3% 的中间商则没有固定的销售渠道。对于销售对象来说，23% 左右的地方中间商会把收购来的虫草销售给当地的老板，包括当地的批发商和当地人开的药店及旅游商品店的老板。而多数中间商的销售对象是外地的老板，包括从四川或外地来收购虫草的老板，也包括在香格里拉开药店或旅游商品店的外地人。几乎没有地方中间商能把自己采集来的野生菌直接销售给公司。对于销售中的价格波动问题，地方中间商普遍表示产量、国内市场变化以及国际市场的价格变化占比几乎相同，而虫草品质变化对于市场价格影响不大。尤其值得注意的是，虫草在国内的广大消费群体和市场份额，造成了国内市场价格对整体价格的影响，这与主要依靠出口的松茸不同，后者的价格会更多地受到国际市场的影响。

表 5-5　地方中间商虫草收购行为

单位：%

虫草收购问题		频率
收购方式	个人	38.5
	合伙	61.5
	公司代表	0
是否分级收购	分级	30.8
	不分级	30.8
	两者都有	38.5

虫草收购问题		频率
收购对象	农户	61.1
	其他中间商	0
	两者都有	38.9
是否有固定销售渠道	是	50.7
	否	49.3
销售对象	当地老板	23.1
	外地老板	76.9
	出口公司	0

资料来源：野外调查。

在小组讨论中，受访人表示影响虫草品质和可持续利用的主要因素为自然降雨和生境条件。而对于人为因素来说，应该要做到不挖活虫、不破坏草场、不过度采集等，以增加虫草产量并促进可持续采集。同时，中间商们表示，控制采集和收购的时间也能加强对虫草的管理。不过早采集和不在幼蛾产卵时采集，是确保不挖活虫的有效方式。在市场方面，地方中间商认为稳定国内市场需求，以及扩大销售渠道是促进虫草市场可持续发展的主要途径。

6　虫草价值链价格结构分析

虫草可以在进行一定的干燥后再销售，对保鲜的要求没有松茸那么高。而且虫草的保存时间比较长，其质量不会随时间的变化而变化，也不会因此而产生价格波动。虫草的价格波动主要源于市场和供求关系的变化。

表5-6展示了虫草等级的基本划分以及地方中间商的销售和收购价格。由于虫草较高的价值，其品质直接影响其价格。根据地方标准，虫草可以被划分为7个等级以及统货，这7个等级以及统货的虫草价格不一致。在云南，由于虫草品质总的不如青海和西藏，因此很难找到特级以上品质的虫草，即便是一级虫草，在野外也不常见。二到四级虫草比较多见。此

外，由于虫草不像松茸那样必须在采集后新鲜销售，部分农户采集完会囤积一段时间，干燥后以统货形式出售。大部分地方中间商比较习惯于收购统货，这样能保证他们得到很好的收益。由于统货包括大小不一的虫草，所以其价格甚至高于四级虫草。正如有的农户所说，如果自己手上虫草大小不一，小的多、大的少，那么以统货形式销售的价格也许比按四级虫草销售的价格还要高些。

表 5-6　虫草价格结构和等级

级别要求（根/500g）	销售价（元/根）	收购价（元/根）
特优一级品 ≤1000	—	—
1000<特优二级 ≤1300	—	—
1300<特级 ≤1600	—	—
1600<一级 ≤1900	73.07±4.3	59.16±3.96
1900<二级 ≤2200	54±4.46	47.85±3.84
2200<三级 ≤2500	38±4.93	35±3.82
2500<四级 ≤4000	26±3.961	23±2.8
统货	38.84±2.97	46.07±7.08

注：表中数据为均值±标准误。
资料来源：问卷调查。

从表 5-6 可以看出，每个等级间每根虫草的价格差异在 10~20 元不等；对于中间商来说，利润的空间在 5~10 元不等。对农户来说，他们在虫草方面的收入并不均等，最多的一年收入接近 2 万元，而最少的仅 1000 元左右，平均在 7500 元左右。这个收入的差距在很大程度上取决于农户时间的投入和对于虫草采集地的熟悉程度，也就是他们在采集方面的知识。对于虫草的收购者（地方中间商）来说，他们每年的收入也不均等，有的为 20000~30000 元，而有的只有 3000~5000 元。这个收入的差距在一定程度上是由地方中间商资金状况、与农户的联系，以及与批发商的关系决定的。研究发现，部分中间商会直接把虫草销售给游客，这部分中间商能获得相对比较高一点的利润，然而这样的销售是相对少数的，销售量也并不多。在价值链的价格分析中，由于研究资金和难度以及样本量的限制，价格结构分析没有涉及价值链中的批发商这一层面。

7　虫草价值链参与机制分析

　　以上可以看出虫草价值链中的价格结构，以及农户和地方中间商利润获取的情况。本部分将讨论虫草价值链的参与机制，因为价值链的参与机制直接影响了参与者如何参与到价值链中，以及他们在价值链中获得收益的情况。

表 5-7　价值链的参与者准入机制

参与者	准入	准入机制
村民采集者	* 控制对虫草资源的准入	* 社区成员 * 草场权属 * 传统权属 * 村规民约 * 虫草生境知识
地方中间商	* 控制对农户和农村市场的准入 * 控制对市场的准入 * 控制对信息的准入	* 组织能力 * 收购能力 * 信息 * 少量资金 * 与农户的社会关系 * 与区域批发商的社会和经济关系 * 地方中间商间的社会网络关系

　　资料来源：野外调查。

　　在价值链的第一层，村民采集者需要确保他们的社区成员地位，如此才能在集体的草场里采集虫草。集体的草场相对来说往往权属边界比较清晰，一般外来人无法进入集体的草场采集。然而，对于国有的草场来说，很多时候是以传统权属边界来定义范围的，但是没有集体的草场那么严格和清晰，因为上面附加了正式法律，形成正式法律与传统的矛盾，从而降低了权属边界的法律效应。常常可以听说由于在权属边界上存在争端，虫草采集者间会产生冲突。村规民约在虫草采集中主要定义了集体的权属边界，然而对于采集方式、对于采集时间的规定在几个村中都处于真空状态，这造成虫草采集的村级管理不如松茸完善。此外，对于村民采集者来说，除了权属边界等因素造成的价值链准入的差别外，影响利润和参与价值链的因素还包括农户对于虫草生境的知识，农户能知道什么时间在什么地方更容易发现虫草，这样农户的收益会比其他农户高很多。

对于地方中间商，要参与到价值链中需要一系列的机制保障。在调查中，由于研究的局限性，主要关注了地方中间商，没有拓展到批发商。正如前面提到的，超过一半的地方中间商都是来自当地的收购者，因此他们一般和当地的农户或者邻近村的农户有比较紧密的社会关系和网络，这能保证他们从农户那里收购到虫草。此外，地方中间商一般都有一定的资金，以及组织能力和收购能力，以保证他们的货源。同时，研究还发现地方中间商之间有一个重要的社会网络，这个社会网络能保证地方中间商在收购区域和地点上不出现矛盾与冲突；同时也能保证他们之间形成交易网络，以便进行交易。一些能收购到一定数量虫草的地方中间商会与来自四川或者广州的批发商构建社会和经济关系，以确保他们的货物能销售到价值链的更高一级。然而研究中很少发现，批发商会支付给中间商一定的预付资金，以支持他们的收购。对于利润分配来说，由于虫草的价值较高，收购资金和组织能力是影响中间商收益的重要因素。一般资金比较雄厚的中间商不但能获得更多的虫草，也能通过规模化实现其与批发商之间的联结，获得更多的利益。

8　结论和政策建议

虫草经济是伴随着城市化进程发展起来的，城市居民收入和经济水平不断提高，人们开始追求健康、绿色和保健等，虫草产业得到了很大发展。同时，由于它传统的中医效用以及来自青藏高原的原始生态特征，近年来虫草的价格不断攀升，甚至能与黄金持平，有人也把它称为生态黄金。在青海、西藏、四川、云南，虫草已经成了重要的野生生物资源，它不仅给山区老百姓带来了经济收入，同时也是边疆地区重要野生资源产业中的明星产品。本章通过开展价值链的分析和研究，探讨在经济全球化下推动虫草可持续利用中可能面临的挑战和问题。作为研究的结论和政策建议部分，本部分针对价值链中的两个主要节点进行总结。

（1）采集节点

虫草资源可持续利用面临的最大挑战就在采集节点。因为采集节点涉及了对虫草资源的获取方式和获取数量的管理。在商业化大潮驱动下，虫草的大规模采集和过度采集已经是一个不争的事实，每年数以万计的农户形成的采集大军，踏上雪域高原最为脆弱的高山草地，开始了他们的采集活动。过度采集不仅表现在采集规模上，同时也表现在竞争性采集和资源冲突方面。因此，在采集环节促进资源的有序采集和利用十分重要。研究发现，资源权属是其中最为核心的问题。在采集地区，除集体草场有相对比较明确的权属划分外，国有草场资源的权属并不明晰，尤其是很多地方存在传统权属和国有权属，甚至省级行政边界存在重叠和交错，容易造成虫草采集的权属不清，这不可避免地造成了资源冲突的问题。要解决这个问题，相关政府部门需要明确虫草资源的产权。在产权的明确中，需要搭建一个联合的对话平台，在尊重当地的传统和现行政策法规的基础上，由政府部门和相关农户一起协商确定产权安排；还需要保证确权工作中有当地的充分参与，以避免资源冲突等问题。在涉藏地区，由于地广人稀，权属的确定不能采用单一化的"承包制"，而应该采用多种经营方式，考虑将草场权属和虫草采集分开，加强农户对资源权属的认识，利用共有财产的机制，促进可持续管理。

此外，研究发现，对于采集的技术和采集工具的运用各村也有很大的差别。在采集技术上，政府应该加大对虫草采集技术的培训力度，同时吸收好的民间采集技术和管理方式进行推广，形成科学有序的虫草采集方式。其中包括采集前的采集工具使用、采集技术的培训，也包括采集后对于草场的保护措施以及整体草原生态系统的保护的培训，更重要的是在培训中让农户充分了解虫草的生长周期，以避免挖活虫，并保护母体和蛾子，以此提高虫草的产量，从而促进对微观上的小生境和宏观上的大系统的保护，保证虫草生境和生态系统的完整。

（2）地方收购节点

虫草采集后可以不进行加工而直接进入市场，对地方收购节点的管理是实现市场管理的最重要的一步。对地方收购节点的管理同样可以促进对虫草资源的有效管理。由于商业化利益的驱使，农户可能出于经济利益的考虑趋向于采集活虫，活虫的采集直接影响了虫草的销售收益和产品价值，同时也对资源可持续利用构成了挑战。因此，加强对地方收购节点的管理，尤其是市场监督体制的建立，能有效地避免过度采集的问题。同时在这一节点，加强市场监管和对地方中间商保护意识的培养也是十分必要的。

此外，由于大部分地方中间商是当地农户，建立村级的虫草协会，或者在区域内建立虫草商会有助于增强他们与外来收购商和批发商之间的谈判力，从而有助于实现当地的利润获取和利润分配。同时，政府应该考虑加强培训，通过强化信息披露和扶持电子商务发展的措施，让地方中间商拓宽销售渠道和扩大客户群体规模，从而增加收益，并通过市场的透明化，避免地方中间商间的恶性竞争。同时，对于虫草来说，还应该开展原产地认证、有机认证以及公平贸易认证等产品认证工作，在国际市场上进一步对准国际消费者的需求，并提高虫草的市场竞争力和产品附加值，从而促进地方利益的获取和分配。

第六章　块菌价值链

1　引言

　　块菌，商业上被称为松露，是一种珍贵而稀有，又广受赞誉的野生食用菌。由于香味奇特、味道鲜美以及价格高昂，块菌一直是受全世界美食家青睐之佳品，特别是在欧洲，块菌被视为上等佳肴，被誉为"饮食中的黑钻石""厨房里的黑钻石""上帝的食物"。块菌因美味而受到欧洲人的广泛喜爱，尤其是在法国，人们把其称为法式大餐三大顶级食材之一。此外，生长的神秘性、稀缺性，再加上它奇特的气味和丰富的营养使得它弥足珍贵，被称为"国际第一名菌"，因此经济价值极高。虽然块菌的分布广泛，欧洲的法国、意大利、西班牙，以及中国的金沙江、澜沧江、怒江一带是块菌在全世界的两大主产区，但是全世界块菌的总体资源极少，天然资源有限。而且，由于块菌生长在地下深处，所以采收非常困难，这限制了块菌的采集和产量。

　　随着经济全球化和市场化的发展，中国块菌自 20 世纪 90 年代进入国际市场，地位不断提高，在研究和产业发展中举足轻重，越来越受到人们的关注，已成为全球热议的焦点。金沙江、澜沧江、怒江一带作为中国块菌的重要原产地之一，也是我国少数民族聚居区，每年块菌采集和销售为当地提供了重要的经济来源和就业机会。为保护和持续利用名贵稀缺块菌资源，推动野生菌研究及相关产业的健康发展，促进块菌资源的保护及市场开发，对于块菌的价值链研究非常重要。它能为决策者提供块菌采集、管理、销售以及流通整个过程的重要数据，以作为将来的决策基础。

本章通过块菌价值链分析，对从块菌的采集到最终出口开展了价值链研究，通过问卷调查和实地访谈，分析了价值链中各参与者是谁、他们在利益分配以及管理中的问题。延续以往各章节的结构，本章共分为八部分，在接下来的第二部分，我们从生态学上介绍块菌的自然生态特征；第三部分讲述块菌商业化的过程以及目前市场发展的趋势；第四部分介绍目前块菌价值链的流程以及交易的过程；第五部分和第六部分分析价值链的参与者的特征以及他们的利润分配模式；第七部分分析块菌价值链的利润分配机制；第八部分是结论和政策建议。

2　块菌的自然生态特征

2.1　块菌的自然特征

块菌，是一类块状地下真菌的通称，也是一种大型真菌体。在分类学上，块菌隶属于子囊菌亚门（Ascomycotina）、块菌目（Tuberales）、块菌科（Tuberaceae）（陈应龙、弓明钦，2000）。块菌，是一种菌丝体与合适的宿主树木营养根系共生的真菌，其子囊果呈球形、半球形或块状，直径在 1.5~12 厘米。成熟后的块菌为褐色、红褐色至深褐色，干后为暗褐色（近于黑色），因此，在国内也有人称其为"中国黑块菌"。块菌子囊果具有比较硬实的包被，形成后不易腐烂，通常要发育好几个月时间，如条件适宜从 10 月至翌年的 4 月都可采到。块菌子实体生长于地下 10~15 厘米，成熟时散发的芳香类物质能吸引啮齿类哺乳动物，被认为具有动物性激素作用（杨雪青等，2013；陈惠群等，1998；Gao et al.，2004）。在欧洲，训练块菌犬是寻找此类地下真菌的主要方式（Claus et al.，1981）。在中国，小猪是发现块菌的好帮手，因此农户也把块菌俗称为"猪拱菌"。

从生境上来说，作为外生菌根真菌，块菌通过菌根结构对共生树种产生影响，从而参与到整个生态系统循环过程（Geng et al.，2009），并由此表现出了其属于特殊类型的外生菌根真菌，以及其生物学和生态学特性。研究发现，块菌常见于海拔 1600~2600 米的针阔叶混交林带，针叶林树种包括云南松、华山松、云南油杉等，阔叶林树种包括桤木、白栎、水青冈、滇青冈、大叶柯等（陈惠群等，1998）。此外，块菌经常共生于以树龄为 10~40 年的次生针叶林为主的森林中（García-Montero et al.，2010）。最具生产力的宿主树龄一般为 10~20 年（Zhang and Wang，1990）。

基于块菌的生境特点，为满足市场需要，科学家开始探索块菌的人工种植。第一个块菌种植园成立于意大利，然后出现在法国（Chevalier and Grente，1979），后来新西兰、美国和匈牙利也相继有了块菌种植园。在中国，据报道，第一批种植块菌的于 1989 年出现在台湾（Hu et al.，2005）。主要栽培方法为用块菌接种宿主树苗孢子，然后让其在自然环境中生长（Samils et al.，2008；Bonito et al.，2011）。在我国西南地区，以中国科学院昆明植物研究所为主的研究团队也开始了块菌的仿野生种植实验。

2.2 块菌的分布

据报道，目前全世界发现的块菌超过 60 个种类（Trappe，1979），其中大部分广泛分布在北半球地区，如法国、西班牙和意大利（Wang et al.，2001），但在南半球的新西兰也有发现。因此，迄今在全球，块菌的自然栖息地跨越了南北半球（Trappe，2009；Bonito et al.，2011）。欧洲是块菌的主要分布地区，全球 80% 的野生块菌都分布于欧洲（陈应龙、弓明钦，2000）。因此，欧洲一些国家不仅成为全球商业块菌及其初级产品的生产地和集散地，同时也是块菌的主要消费国，全球绝大多数的块菌都在这里交易后成为人们的美味佳肴（陈应龙、弓明钦，2000）。在欧洲，主要出现的块菌菌种包括黑孢块菌、白块菌、勃艮第块菌、冬块菌和巨孢块菌（陈应龙、弓明钦，2000）。

中国有 30 多个块菌菌种（刘培贵等，2011）。在中国，块菌集中分布在四川、云南、新疆和西藏等地，在山西、辽宁、吉林、福建等地也陆续发现有块菌的分布（陈应龙、弓明钦，2000）。然而，目前为止，具有商业价值的仅有少数几个菌种，包括印度块菌、会东块菌、夏块菌和假喜马拉雅块菌等，这几个菌种统称为中国黑块菌。商业化的中国黑块菌目前主要产于海拔 1600~2600 米的山区。中国西南地区形成了以攀枝花、永仁县为天然分布中心，向四川凉山州和云南楚雄州辐射的块菌分布状况（刘培贵等，2011）。攀枝花是中国块菌的天然分布中心区域，块菌年产量在 100 吨左右，约占全国产量的 1/2，以攀枝花为中心的块菌分布圈产量约占全国块菌产量的 80%。

3　块菌的商业化过程和影响

在中国，块菌的商业化开始于 20 世纪 80 年代，以云南块菌的出口为代表。自 80 年代以来，我国块菌开始出口远销至日本、美国、澳大利亚和欧洲等国家与地区，但到目前为止，法国及欧洲仍然是块菌的主要消费地区（Wang，2013）。在过去的几十年里，大量的中国块菌出口欧洲、日本和澳大利亚，占据相当大的市场份额。从中国出口的块菌以鲜菌或冰冻块菌为主，极少有加工品和半加工品（García-Montero et al.，2010；Zhang et al.，2005）。

由于块菌营养丰富，富含 18 种氨基酸、8 种维生素、丰富的蛋白质以及雄酮、甾醇、鞘脂、脂肪酸等 50 余种活性成分。其中，雄酮具有壮阳、补肾的显著功效；鞘脂具有预防阿尔茨海默病（俗称老年痴呆）、降低低密度脂蛋白和升高高密度脂蛋白、防止动脉粥样硬化的作用，对癌细胞有一定的抑制作用。因此，块菌具有良好的营养保健功能。有研究表明，其能有效地增强机体免疫能力，并预防癌症（陶恺、刘波，1990；胡慧娟等，1994）。同时，由于其特殊的营养价值，块菌的市场价格极其昂贵，在欧洲及日本市场上，近年卖到 2000 欧元/公斤左右。

块菌较高的经济价值为云南民族地区的扶贫和出口创汇做出了重要贡献。随着社会经济的发展，以及我国加入 WTO 后，块菌的产量大幅增加，已经成为云南省继松茸后的主要出口创汇野生菌。如表 6-1 所示，自 2011 年至 2015 年，云南块菌的年均产量为 2000 多吨，年均出口创汇近 1800 万美元。块菌成为山区农户重要的经济收入来源。在楚雄，部分农村社区块菌的销售收入占到当地农户现金收入的 30%~60%。

表6-1　2011年至2015年云南块菌产量和出口创汇

单位：吨，万美元

年份	产量	出口创汇
2011	3012.9	2027.2
2012	1175.4	923.5
2013	2256.3	1832.5
2014	2813.3	2263.6
2015	2432.1	1938

资料来源：昆明海关。

然而，在块菌商业化的过程中，经济利益的驱使造成了块菌资源和生境的破坏。目前在西南地区的农村，农户们广泛采用粗放的采集方式。由于块菌生长于地面之下，很多农户直接采用用锄头挖的方式来采集块菌。而且，大多数采集活动仍然严重依赖当地村民的个人经验。由于缺乏科学和可持续森林资源管理观念的指导，很多地方经常采集未成熟的子实体，并以比成熟块菌低得多的价格出售。块菌采集过程中的密集挖掘，造成了生境的极大破坏，目前块菌已被归为高等真菌类濒危类群（杨雪青等，2013）。

为了应对日益增长的市场需求和商业化的驱动，对林下自然资源进行合理保护和利用意义重大。一方面，科学家开始探索人工栽培块菌技术，并先后在贵州、云南、四川、湖南和广东省开展相关研究（杨雪青等，2013）。人工栽培块菌可以极大缓解市场需求压力，并扩大块菌的生境范围（陈娟等，2011）。另一方面，一些学者公开呼吁可持续的采集，包括加强对森林采伐区域的限制、促进在采集季节的选择性采摘、培养能识别块菌的狗和猪以避免盲目挖掘、禁止收集不成熟子实体、促进生境保护等（Tan and Fu，2002；Su and Zhao，2007；Chen et al.，2009；Wang and Liu，2011）。同时，人们希望当地村民能增强森林保护意识，明确森林资源权属，以完善对块菌的管理（Samils et al.，2008；Wang and Liu，2011）。

4　块菌价值链描述

块菌的价值链与松茸的价值链有一定的相似之处，从某种意义上来说都是由农户采集，之后销售给地方中间商，最后销售给区域中间商或出口公司，基本是一个垂直的结构。由于块菌产量相对较少，市场份额也不大，因此其涉及的参与者和价值链的流程相对更简单。值得注意的是，许多从事块菌生意的商贩、中间商和出口公司同时从事松茸生意。正如多数中间商所反映的，由于块菌和松茸都是价值比较高的、以出口为主导的野生菌，而且市场流通渠道有很强的相似性，所以很多中间商能做到两者皆营。这种现象在楚雄和保山地区尤其明显。这很大程度上源于这两个地方地域的相似性和交通的便利性。同时，楚雄是云南各类野生菌的产区，形成了其独特的、在野生菌贸易方面的优势和市场地位。

在块菌价值链的最下层是农户。块菌的成熟时间与其他野生菌不同，因此，在这段时间内，采集块菌的农户无法同时采集其他的野生菌。同时，由于块菌的产量少、在地下难被发现，因此很多采集块菌的农户都是比较有经验的农户，他们大多知道块菌的采集地。块菌采集后，在村一级会有地方中间商负责收集块菌。在很多时候，地方中间商同时也是当地块菌采集大户，他们能够积累一定数量的块菌以便外销。多数情况下，农户会直接把块菌销售给村一级的地方中间商，同时村一级的地方中间商会根据收购来的块菌进行初选，初选主要是把坏的和过小的筛选出去。之后，村一级的地方中间商会把块菌销售给地州一级的地方中间商。

地州一级的地方中间商是联系村一级的地方中间商和区域批发商之间重要的桥梁。多数情况下，每个区域批发商在每个地州会有一个负责从村一级的地方中间商处收购块菌的代理人（也就是地州一级的地方中间商），代理人会得到区域批发商各方面的支持，包括资金预付、提供价格信息等。地州一级的地方中间商会进一步筛选收购来的块菌，并且有的中间商会根据块菌的大小进行一定的分级。为了保证块菌的新鲜，他们经常采用用泥土储存的方式来储存块菌以待货物达到一定数量后直接运输给区域批发商。

目前在云南有四家比较大的区域批发商，他们基本控制了云南块菌的市场。区域批发商会进一步把块菌根据大小进行详细的分级和清洗；同时，也会根据需要进行手工加工成片，并用冷库储存以备出口。之后，块

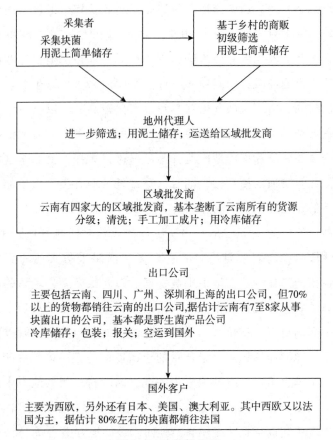

采集者
采集块菌
用泥土简单储存

基于乡村的商贩
初级筛选
用泥土简单储存

地州代理人
进一步筛选；用泥土储存；运送给区域批发商

区域批发商
云南有四家大的区域批发商，基本垄断了云南所有的货源
分级；清洗；手工加工成片；用冷库储存

出口公司
主要包括云南、四川、广州、深圳和上海的出口公司，但70%
以上的货物都销往云南的出口公司，据估计云南有7至8家从事
块菌出口的公司，基本都是野生菌产品公司
冷库储存；包装；报关；空运到国外

国外客户
主要为西欧，另外还有日本、美国、澳大利亚。其中西欧又以法
国为主，据估计80%左右的块菌都销往法国

图 6-1　块菌价值链

菌主要卖给云南 7~8 家有出口权的野生菌出口公司，这些公司也是松茸和
其他野生菌的出口企业。同时，一部分块菌也被出售给省外的野生菌出口
公司，主要包括四川、广州、深圳和上海的出口公司，但 70% 以上的货物
都销往云南的出口公司。这些出口公司负责冷库储存、包装、报关以及空
运到国外的最后出口环节。在国外，中国块菌的主要出口地为西欧，另外
还有日本、美国、澳大利亚。其中西欧又以法国为主，据估计 80% 左右的
块菌都销往法国。

　　值得注意的是，由于云南的块菌也销给省外的出口公司，所以云南海
关或商务厅数据所反映的云南块菌的出口数量并不能代表云南块菌的实际
产量，因为一部分云南块菌是通过省外出口的，这部分的数量目前无从探

明。在块菌的间接参与者方面，基本上涉及的管理部门只有商务部门和海关。

5　块菌价值链参与者分析

5.1　采集者

块菌价值链的第一层是块菌的采集者。由于块菌集中分布在滇中一带，我们在保山和楚雄共计采访了 61 名农户，其中 49 名受访对象为男性，12 名为女性。37.9% 的农户有外出打工经历。根据问卷数据，农户的收入来源非常多样化，然而，农业和打工依然是他们主要的收入来源。超过 36.2% 的农户以农业为主要收入来源，32.8% 的农户主要依靠打工来维持生计，仅有 3.4% 的农户将野生菌的采集和销售作为他们的主要收入来源。而这 3.4% 的农户基本上是村里收购野生菌的小老板。从块菌的收入来看，各户间的差别非常大，从 300 元到 24000 元不等，大多数人的收入在 2000 ~ 6000 元。因此，由于块菌产量少，以及滇中地区较为发达、打工机会多，块菌并不是当地采集者的主要收入来源。

在采集方面，所有受访者都表示他们每年会去采集块菌，因此对于块菌的采集积累了一定的经验。超过 85% 的农户非常熟悉块菌的生境，有的农户甚至表示他们有固定的块菌采集地以保证自己的收入。对于采集地来说，并不局限于他们的自留山或村寨的集体林，更多的农户是随处采集。因此，块菌目前正如很多野生菌一样属于开发索取性资源，由于权属不清，十分容易导致竞争性采集和冲突。虽然超过 90% 的农户会在采集块菌后用树叶来进行遮盖，但有的农户的采集方式和采集工具有一定的问题。超过 54% 的农户表示他们采集块菌主要是用手来刨，而近 40% 的农户依然采用锄头或钉耙来采集，这也是造成块菌生境破坏的重要原因。锄头或钉耙会直接破坏地下菌丝，影响块菌的繁殖再生。在楚雄，目前已经开展块菌采集人员持证采集的措施，目的是通过培训等手段为农户提供采集的技术并明确采集点。然而，调查发现，仅有 4% 左右的农户持有采集证。这一方面是由于持证采集措施刚实施，另一方面说明了采集证的有效性。正如松茸管理一样，最终采集证的办法并未能真正实现资源的可持续利用。

表 6-2　块菌采集情况

单位：%

块菌采集问题		频率
是否有采集证	是	4.4
	否	95.6
采集块菌的频次	经常	100
	偶尔	0
是否认识采集生境	是	85.2
	否	14.8
采集地	自留山	3.2
	集体林	6.6
	国有林	0
	随处采集	90.2
采集工具	手	54.1
	木棍	6.6
	锄头/钉耙	39.3
采集后生境保护	无保护	8.2
	树叶遮盖	91.8

资料来源：问卷调查。

在块菌销售方面，多数农户以统货方式销售他们采集来的块菌，仅有36%左右的农户会采取分级方式来销售。然而，他们的分级方式比较简单，只是把块菌分为三个等级：一级为外观完好且子实体完全成熟的；二级一般指颜色不太好、子实体相对小一点的；三级也叫等外级，主要指外形有破损、子实体未完全成熟的。不采用分级方式，以统货方式销售会造成农户收入的减少。同时调查发现，86.9%的农户会销售未成熟的块菌。销售未成熟的块菌会直接造成销售收入低和潜在的资源破坏。在销售中，农户的销售对象主要是外来中间商，占到了46.6%；41.7%的农户采取到当地市场进行销售的方式；而仅有11.7%的农户会把块菌销售给地方中间商。此外，54.1%的农户认为销售的价格相对合理，而且64.0%的农户在销售中会和中间商讨价还价。由于市场信息的不对称，39.3%的农户认为收购的价格偏低，而36.0%的农户在销售中不会与中间商讨价还价。

在块菌管理方面，72%的农户认为块菌的采集不需要采取任何管理的措施，对于采集地和采集方式的管理是没有必要的；16%的农户认为自己管理就可以；仅有8.2%的农户认为需要政府出台一定的管理措施，以避免无序采集和生境破坏。在市场管理方面，47%的农户认为市场的自我调节可以给出一个合理的市场价格；44%的农户认为需要政府给出指导价，而这个指导价不是由政府定的，政府的角色应该是一个公布市场价格的信息平台，以提高市场的透明度。对于未成熟块菌的采集，农户的观点差异较大。39.3%的农户认为未成熟块菌不需要管理，21.3%认为管理好了村一级的销售环节就能管理好未成熟块菌销售的问题，11.5%认为农户应该自己管理，27.9%认为应该由政府参与管理。可见，未成熟块菌的采集一直是饱受争议的问题。

表6-3　块菌销售情况

单位：%

块菌销售问题		频率
是否分级销售	是	36.1
	否	63.9
是否讨价还价	是	64.0
	否	36.0
是否销售未成熟块菌	是	86.9
	否	13.1
销售给谁	地方中间商	11.7
	外来中间商	46.6
	到市场销售	41.7
	直接销售给公司	0
价格是否合理	偏低	39.3
	合理	54.1
	我能卖个好价钱	6.6

资料来源：问卷调查。

　　为了促进有效的资源管理，在小组访谈中，农户们发表了自己的意见。几乎所有的农户都认为只要森林管理好了，块菌资源也就丰富了。对于森林管理来说，偷砍盗伐已经不是主要的问题，农户们认为火灾是目前最大的威胁，尤其是当前云南松纯林比重大，火灾问题比较突出。此外，多数农户表示对菌塘的保护也极其重要，尤其是保山的农户特别强调了这个方面。在保山，中国林业科学院热带林业研究所采取了一些松茸和块菌保护措施，大大强化了农户对于野生菌菌塘保护和采集方式改变的意识。有部分农户提出，政府可以指导性地推广"包山拾菌"的措施，通过承包的方式改变资源权属不清、竞争性采集以及缺乏管理对象的问题。同时，"包山拾菌"的措施可以使资源分配更为合理。

　　在市场管理方面，在小组讨论中，极少有农户提及通过管理市场实现资源管理的方法。更多的农户在考虑如何通过规范市场来增加经济收入的问题。多数农户更希望能通过政府的支持增强市场的透明性、提高价格的透明度，以及增强价格信息变化的时效性。部分农户希望能减少中间环节，使块菌可以直接销售到大老板手里或餐厅、饭店。

5.2　地方中间商

　　块菌价值链的第二层是地方中间商。根据我们在保山和楚雄村寨中的调查，我们共计采访了18名当地中间商，其中17名受访对象为男性，仅1名为女性。在民族组成上，汉族占66.70%，彝族占27.8%。地方中间商的年龄一般集中在35~45岁，同时61%以上的地方中间商拥有初中以上的学历。因此，从地方中间商的特征来看，他们是有一定文化水平、年轻力壮的男性，同时多为汉族。这主要是由于他们具备较好的对外沟通和联系优势。

　　研究发现，这些地方中间商不仅经营块菌收购的工作，还经营其他野生菌的收购工作，包括松茸、干巴菌、鸡枞等。对于多数地方中间商来说，块菌业务占到了他们所有野生菌收购业务量的30%~40%，这说明了块菌业务的重要性和其经济价值极高。除此之外，这些地方中间商还经营药材、农家乐、小商店等生意。同时，在收购季节，61%的地方中间商会雇用临时人员帮助收购、运输等工作。同时，我们发现 100% 的地方中间商是以个人经营的方式开展收购工作，他们既不与人合伙，也不作为公司代表来开展工作。

表 6-4 地方中间商块菌收购情况

单位：%

块菌收购问题		频率
收购方式	个人	100
	合伙	0
	公司代表	0
是否分级收购	分级	44.4
	不分级	44.4
	两者都有	11.1
收购对象	农户	61.1
	其他中间商	0
	两者都有	38.9
是否有固定销售渠道	是	77.7
	否	22.3
价格波动因素 （多选）	产量	50
	品质	61.1
	国内市场变化	39
	国际市场变化	22

资料来源：问卷调查。

从具体收购活动来说，44.4% 的地方中间商在收购中采取分级收购的方式，对于不同品质的块菌会给予不同的收购价格；亦有 44.4% 的地方中间商仅仅采用统货收购的方式，即不进行分级处理；而 11.1% 的地方中间商两者皆有，他们表示 70% 采取统货收购的方式，30% 采取分级收购的方式。在收购中，61.1% 的地方中间商仅仅从农户手中收购块菌。接近 40% 的地方中间商既从农户那里收购块菌，也从其他中间商那收购。对于他们来说，70% 左右的块菌是从农户手中直接收购的，30% 是从其他中间商处收购的。这说明价值链不是一条线性的渠道，而是一个交错的网络。商贩之间存在很多的倒买倒卖。

从销售上来说，超过77%的地方中间商有固定的销售渠道，这些销售渠道就是他们上一层的区域批发商，因此在收购后他们能明确地知道如何进行块菌的储存和运输，以及什么时候销往什么地方。22%左右的地方中间商没有固定的销售渠道，他们多倾向于把块菌运输到当地的野生菌交易市场进行销售或者在路途中销售给其他中间商。因此，根据对地方中间商的访谈，可以看出仅6%的地方中间商把块菌销售给当地的中间商。对于地方中间商来说，超过94%的销售对象都是外地的老板。在讨论价格的时候，一半以上的地方中间商认为影响价格波动的因素主要是产量和品质，接近40%的认为国内市场的变化是主要的因素，而仅有22%的地方中间商认为国际市场对价格波动有影响。这一方面说明随着国内消费市场的发展，国内市场需求的影响逐渐变大，另一方面说明地方中间商对于国际市场缺乏一定的认知。

在小组讨论中，地方中间商表示若要提高块菌的产量，农户们需要保护好菌塘、保护好森林，同时做到适时采收，不过早或过晚采集。在提高产量的同时，也要提高销售的价格，最重要的是要提高品质。而提高品质需要做到成熟后再采集，适时采收，同时中间商应该自律，做到"不熟不收"。因此，采集和收购未成熟块菌，不但影响资源的可持续利用，而且影响产量、品质、价格和收入等。

5.3 区域批发商

块菌价值链的第三层是区域批发商。我们在保山和楚雄共访谈了4名区域批发商。这4名区域批发商在价值链中承担的主要功能是直接从地方中间商手中收购块菌，之后再销售给大的出口公司。其中有一名长期居住在楚雄的区域批发商自己开办了公司并直接联系外国商人开展块菌出口业务；而其他的几人则主要扮演着批发商的角色，关键是把块菌囤积起来，批发给出口公司。受访者全部为男性，而且年龄集中在37~43岁，其中汉族和彝族各占了一半。同时，50%以上的区域批发商拥有小学学历，更有25%的拥有高中学历。因此，与地方中间商相同，区域批发商也为有一定文化水平、年轻的男性，具备较好的对外沟通和联系优势。同时，他们从事块菌收购的时间在 4~10 年不等，几乎都是有一定经验和社会网络的批发商。

表 6-5　区域批发商的收购情况

单位：%

块菌收购问题		频率
收购方式	个人	75
	合伙	0
	公司代表	25
是否分级收购	分级	50
	不分级	50
收购对象	农户	50
	其他中间商	0
	两者都有	50
是否有固定销售渠道	是	100
	否	0
销售对象	外地老板	75
	出口公司	25
价格波动因素	品质	25
	国内市场变化	25
	国际市场变化	50

资料来源：问卷调查。

调查发现，由于块菌的数量少，而且成熟和采集期与其他野生菌不同，这使得区域批发商参与到其他野生菌的收集和销售工作成为可能；更为重要的是，这使得他们形成了更为广泛的经济和社会网络。因此，这些批发商不仅仅经营块菌收购工作，还经营其他野生菌收购工作，包括松茸、干巴菌、鸡枞等。对于多数区域中间商来说，块菌业务占到了他们所有野生菌收购业务量的 20%~40%，这说明了块菌业务的重要性和其经济价值极高。同时，在收购季节，所有的区域批发商都会雇用临时人员帮助收购、运输等工作，雇用人数最多的甚至会超过 10 人。同时，我们发现

75%的区域批发商以个人经营的方式开展收购工作，25%作为公司的代表开展收购工作。

在具体的收购活动中，区域批发商不仅从地方中间商手中收购块菌，同时也从农户手中直接收购。据调查，有50%的区域批发商直接从农户手中收购块菌，而另外50%既从农户那收购，也收购地方中间商的，而且所占比例基本为农户30%、地方中间商70%。访谈发现，与地方中间商不同，50%的区域批发商采取分级收购的方式，因为他们主要面对的是地方中间商；如果直接从农户那里收购的话，他们几乎都不采取分级收购的方式。

在销售对象方面，区域批发商与地方中间商的区别在于100%的区域批发商都有自己固定的销售渠道，其中75%把他们收购来的块菌销售给外地老板，这些外地老板主要是直接从事自主出口或者通过出口公司出口的批发商；而25%的区域批发商则把收购的块菌直接销售给出口公司由其出口到海外。由于区域批发商属于价值链中的更高层级，因此他们有更多的机会接触海外的市场信息。研究发现，50%的区域中间商认为国际市场变化是影响价格波动的主要因素，而25%的认为国内市场变化尤其是产量带来的供给变化会给价格波动带来影响，还有25%的认为块菌的品质尤其是大小、颜色和水分会影响价格。

访谈发现，对于有效的块菌保护，受访者表示增强农户的菌塘保护意识尤为重要，保护菌塘可以采取的方式包括采集时避免用锄头挖掘、采集时避免挖大坑、采集后用树叶和土填埋以避免阳光直接照射菌丝等。在保护菌塘的同时，还需要采用科学采集的方法，比如采集时需要用手或者小的钯，而不是用锄头挖。采集时间应该为每年9月底10月初，过早采集会直接影响块菌的发育和繁殖。受访者同时表示，由于块菌的生境需要依赖良好的森林生态系统，对森林的保护也是促进块菌生长和可持续发展的重要途径之一。在市场方面，受访者普遍表示，需要开展精深加工，提高块菌附加值，同时开拓国内市场，扩大块菌在国内的消费群体。此外，为保证经济的可持续性，需要提高块菌的质量，尤其是在采集中避免采集过小和过熟等低市场价值的子实体；同时还需在块菌保存（晒干）过程中保证块菌的质量，避免霉坏。

6　块菌价值链内部成本利润分析

对于块菌来说，可以进行一定的干燥后再销售，其产品对保鲜的要求不像松茸那么高。所以块菌的质量不会随时间的变化而变化，这使得块菌价值链的参与者并不像松茸价值链参与者那样需要承担产品质量变化带来的风险。

表6-6展示了块菌价值链的成本利润情况。从表中的数据可以看出，采集者户均收益可以达到1000~10000元，他们之间收入的差距很大，主要取决于其采集到的块菌的数量和质量。此外由于他们几乎不存在支付性成本，根据统货价格他们的利润基本在80元/公斤。对于广大的地方中间商而言，他们经营块菌业务的年收入为1万~5万元。然而他们需要游走在村寨之间开展收购工作，付出了大量的时间和交通成本，因此其实他们的利润并不是很高，平均每公斤利润在5元。同时，由于这个层面的透明度比较高，地方中间商间的交流也比较多，因此，地方中间商之间的收入差距并不大，相对比较平衡。

块菌价值链中的另一层是区域批发商，由于其资金量不同，以及其与地方中间商和出口公司的关系网络不同，他们的年均收入在15万~20万元。这个群体有30~60人，他们大多数没有出口权，因此需要依靠某一出口公司代理开展出口业务。那些拥有出口权的区域批发商则可以根据国际市场的需要自己开展出口业务，从而省去了出口代理的费用，同时还可以享受出口补贴和出口退税等优惠政策，这样他们能获得比其他区域批发商多很多的收益，这是造成这一群体间利益分配不均的原因。块菌价值链中的最后一层是出口公司，大多数出口公司其实自己不直接参与块菌的交易，而更多的是以出口代理的方式来帮助没有出口权的区域批发商完成出口环节的业务。这些业务主要是低成本的海关报关、出口检疫检验等工作，因此他们的利益分配比较均衡。由于特许农产品出口的限制，目前有7~8家出口公司垄断了整个出口市场。出口公司不仅不用直接投入资金和人力参与到块菌的收购、运输、销售等业务，而且它们能享受出口退税和出口补贴等政策，这使得出口公司获利最多，平均每公斤收益达到 76 元。

表 6-6　块菌价值链的成本利润情况

直接参与者群体	群体规模（人、家）	年平均净收入（万元/个体）	单位利润（元/公斤）	参与者群体内部分配情况
采集者	—	0.1~1	80	不均衡
地方中间商		1~5	5	均衡
区域批发商	30~60	15~20	12	不均衡
出口公司	7~8	25	76	均衡

资料来源：野外问卷调查；出口公司数据来源于访谈。

7　块菌价值链利润分配机制分析

从以上可以看出直接参与到块菌价值链中各个环节的参与者在块菌交易和利润获取中的情况。本节简述块菌价值链中各参与者的市场准入机制，同时讨论政府政策对块菌价值链的影响。

对于块菌价值链中的最低层，即块菌的采集者来说，除了成为社区成员和拥有森林的使用权，块菌采集知识也是确保他们在价值链中获利的重要机制。在调查的很多村庄中，农户除了在集体林和自留山中采集块菌外，还经常到国有的森林里采集。由于国有林中的林副产品没有清晰的权属关系，因而具有丰富块菌采集知识的农户能够比其他人更快找到块菌生长的地方，采集到更多的块菌，并获得更多的收益。此外，村规民约是影响采集者获得收益的另一个因素。在一些村落，村规民约规定了村民的采集活动时间、采集方式、采集地点以及具体的采集活动方式；而在另一些地方，缺乏村规民约对采集活动的约束，从而造成资源的竞争性采集。

表 6-7　块菌价值链准入机制

参与者	准入	准入机制
采集者	*控制对块菌资源的准入	*社区成员 *森林使用权 *村规民约 *块菌采集知识

续表

参与者	准入	准入机制
地方中间商	＊控制对农户和农村市场的准入 ＊控制对市场的准入 ＊控制对信息的准入	＊组织能力 ＊收购能力 ＊信息 ＊少量资金 ＊与农户的社会关系 ＊与区域批发商的社会和经济关系 ＊地方中间商间的社会网络关系
区域批发商	＊控制对信息的准入 ＊控制对市场的准入	＊资金 ＊信息 ＊与地方中间商的联系 ＊与出口公司的经济关系 ＊与国际市场的联系 ＊出口许可证

资料来源：田野调查。

　　对于地方中间商来说，他们是联系农户与市场的重要纽带，起着承上启下的作用。由于其在价值链中的重要地位，其收益很大程度上取决于他们与农户的社会关系以及与区域批发商的社会和经济关系。调查发现，与农户建立广泛社会关系的地方中间商能较为有效地在短时间内收购更多的块菌，往往农户可以根据他们的采集情况直接告知地方中间商交易的时间、地点和数量。这大大降低了地方中间商的时间成本和交通成本，同时也更能保证和控制块菌的质量。相反，如果没有广泛的社会关系，地方中间商只能四处游荡或者在中心市场坐等收购块菌，这直接影响了其收购的数量和质量。此外，地方中间商需要与区域批发商建立广泛的联系，以确保他们收购到的块菌能快速并且以合理的价格销售出去。在有的情况下，区域批发商会预先提供给地方中间商一定的资金用于收购，这种预付款的方式，能让地方中间商收购到更多的块菌，并获得更多的收益。同时，部分地方中间商也会与其他同一级的地方中间商建立联系和社会关系。这样一方面可以保证大家不会有直接的竞争，另一方面可以交流信息和相互购买块菌以便囤积。因此，地方中间商在价值链中的收益受到其组织能力、社会关系、收购能力、信息流通以及资金的影响。

　　区域批发商位于价值链中的较高层级，他们是联系出口公司和国际市场的重要环节，因此资金和信息是限制其准入的主要机制。此外，他们还需要有很强的网络能力以确保能与地方中间商建立联系，并成为联系出口公司和国际市场的桥梁。部分区域批发商拥有出口许可证，它能保证这些区域批发商直接开展出口业务，独立完成报关、检疫、运输等出口环节的手续。而那些没有出口许可证的区域批发商，即使他们拥有自己的海外客户，他们也需要寻找专业的出口公司作为代理，代替他们完成出口环节的业务和手续。

8　结论和政策建议

随着经济的发展，块菌的市场价格不断攀升，甚至超越了松茸，成为云南省以及西南地区又一重要的野生生物资源。它不仅给山区老百姓带来了经济收入，而且成为云南这样一个边疆省份的重要出口创汇明星产品。本研究通过开展价值链的分析，发现在经济全球化下，推动块菌可持续利用可能面临一些挑战和问题。作为研究的结论和政策建议部分，本节针对块菌价值链中的三个主要节点进行阐述。

（1）采集节点

对于资源的可持续利用，块菌价值链中的采集节点面临的挑战最大。由于商业化的大规模采集，很多地方出现了块菌的过度采集问题，尤其表现在竞争性采集和资源冲突方面。此外，研究发现，对于采集的技术和采集工具的运用各村也有很大的差别。因此，在采集节点促进资源的有序采集和利用十分重要。在资源权属方面，林业部门需要明确块菌资源的产权，在产权的明确方面需要尊重当地的传统，避免"一刀切"的政策；同时保证权属的明确工作有当地群众的充分参与，以避免资源冲突等问题。对于权属，不能采用单一化的"承包制"或者收归国有管理，而应该采用多种经营方式，考虑地上部分（森林）和林下资源（野生菌）分开的方式，发挥农户的主观能动性，并把个体承包制和集体合作管理等方式结合起来。此外，政府应该加大对块菌采集技术的培训力度，吸收好的民间采集技术和管理方式并进行推广，形成科学有序的块菌采集工作氛围。这既包括对采集前的采集工具的管理、对采集方式的培训，也包括采集后对于菌塘保护措施的落实以及对森林生态系统保护的培训，从而促进对微观上的小生境和宏观上的大系统的保护，以保证块菌生境和森林生态系统的完整。

（2）地方收购节点

由于块菌采集后即可进入市场，通过对地方收购节点的管理来实现市场管理是重要的一步。因此，对地方收购节点的管理十分重要。研究发现，随着商业化的发展，农户可能因经济利益取向而采集一些过小的块菌，这不仅影响其收益和块菌产品的质量，而且影响块菌资源的自然再生。因此，在这一节点，对市场的监管和对地方中间商保护意识的培养是十分必要的。另外，研究发现，地方中间商并没有获得最多的利润，却起着重要的桥梁作用，因此有必要通过拓宽信息披露渠道和扶持电子商务发展的措施，让地方中间商扩大客户群体规模，从而增加其收益，并通过市场的透明化避免地方中间商间的恶性竞争。

（3）出口管理节点

就目前来说，虽然我国实现了从出口审批制到出口登记备案制的转变，但是我国依然是一个实行出口管制的国家。因此，在很大程度上，出口特许公司和具有出口经营权的公司获得了价值链中的较大收益。正如松茸出口环节的问题一样，块菌出口环节经常被垄断。因此，进一步实现贸易的自由化，改变出口环节的特许经营制度，是必须实行的改革措施。这有利于推动市场的透明化和信息的有效流通，从而促进有效竞争。此外，应该开展块菌原产地认证、有机认证以及公平贸易认证等产品认证工作，在国际市场上进一步对准国际消费者的需求，增强块菌出口的市场竞争力并提高产品附加值。

第七章　羊肚菌价值链

1　引言

羊肚菌是一种珍稀、野生的大型真菌，也是传统医药中经常使用的一种药用野生菌。由于其味道鲜美，且有药用价值，因此是食药两用的真菌，有"食用菌皇后"之美誉。根据《中华本草》、《中华人民共和国药典》以及《全国中草药汇编》等的记载，羊肚菌有和胃消食、理气化痰、补肾壮阳、补脑提神等功效，另外还具有强身健体、预防感冒、增强人体免疫力的功效（建龙，2009）。伴随着城市经济的发展和中产阶层对自然与生态的追求，正如松茸、虫草和块菌，羊肚菌的市场价值和潜力不断被开发，同时价格也逐年攀升。尤其是羊肚菌的药用价值和食药两用的特性使得羊肚菌的市场开发和商业化发展的速度更快。

在商业化的过程中，为满足市场需要和保护野生资源，不少科学家投入了巨大的人力和物力，着手研究羊肚菌的人工繁殖和人工仿自然栽培的技术与手段。与松茸、虫草和块菌不同的是，羊肚菌的人工繁殖已经获得了成功。在市场和超市中目前都可以找到人工繁殖的羊肚菌。然而，人工繁殖的羊肚菌在色香味上与野生的羊肚菌有很大区别，目前还是无法完全替代野生羊肚菌的市场地位和价值。此外，羊肚菌的人工仿自然栽培对技术和微观生态环境方面的要求制约了人工羊肚菌的大规模普及，因此无法实现其在市场上的主导地位。在这样的背景下，有必要探索野生羊肚菌的采集和开发在提高当地农户经济收入的同时，对生态环境产生的影响，以及在复杂的价值链下当地农户的收入情况、价值链的组织形式和当地农户在价值链中的参与情况等。

承接前文，本章依然采用前面介绍过的价值链的方法对野生羊肚菌的采集、收购、销售等环节开展价值链分析。我们关注的是野生羊肚菌，因为目前市场上销售的主要是野生羊肚菌。同时，野生羊肚菌分布广泛，涉及资源的可持续利用和广大农户收益情况的研究，从而更需要探讨羊肚菌采集和市场的状况、其可持续发展面临的挑战以及可能的应对措施。延续以往各章节的结构，本章共分为八部分，第二部分从生态学上介绍羊肚菌的自然生态特征；第三部分讲述羊肚菌商业化的过程以及目前市场发展的趋势；第四部分介绍目前羊肚菌价值链的流程以及交易的过程；第五部分和第六部分分析羊肚菌价值链的参与者的特征以及他们的利润分配模式；第七部分分析羊肚菌价值链的参与机制；第八部分是结论和政策建议。

2 羊肚菌的自然生态特征

2.1 羊肚菌的自然特征

羊肚菌，又名阳雀菌、羊肚菜等，隶属于子囊菌门、盘菌纲、盘菌目、羊肚菌科（Hibbett et al.，2007）、羊肚菌种（杜习慧等，2014；陈杭等，2014）。从形态学上来说，羊肚菌子实体单生、散生或群生，其子囊果较小。野生羊肚菌子实体较小或中等，长6~14厘米；菌盖呈不规则圆形，多为圆锥形，顶端尖或钝；表面有许多凹坑，似羊肚状，淡黄褐色；柄白色，长5~7厘米，宽2~2.5厘米；有浅纵沟，基部稍膨大。羊肚菌由羊肚状的可孕头状体菌盖和一个不孕的菌柄组成。菌盖表面有网状棱的子实层，边缘与菌柄相连。菌柄圆筒状、中空，表面平滑或有凹槽。羊肚菌正是因其菌盖表面生有很多很多凹陷的褶皱，外观似羊肚而得名。

羊肚菌是好氧真菌，环境是促进羊肚菌发育的关键。足够的氧气和通风良好的场所是保证羊肚菌正常发育的必要条件。一般森林中植被、杂草较稀，土质湿润的地方羊肚菌较多，即七分阴、三分阳或者半阴半阳的环境，凡是森林过于阴暗或杂草浓密的地方很少有羊肚菌出现（武东梅等，2013）。从生境上来说，羊肚菌多出现于海拔2000~3000米的针叶阔叶混交林中的林地上及路旁，单生或群生。目前研究表明，还有部分羊肚菌可能生长在杨树林、果园、草地、河滩、榆树林、槐树林及林边的路旁，单个或成片生长，土质一般为沙碱性或略偏碱性（杜习慧等，2014）。此外，羊肚菌的一个特点是，其是喜好火烧迹地的物种。根据杜习慧等（2014）的报道，除生态位保守低温耐受性外，羊肚菌属内部分物种可以或仅生长在火烧迹地上。这些适应火烧迹地生境的物种一般在发生火烧后的第一年大量出菇，在随后的 2~3 年里逐渐消失。

针对羊肚菌的生境特征，羊肚菌的人工繁殖和人工仿自然栽培已经获得成功。目前，在西南地区，在选择优质地点、搭建菇棚、畦床整理的基础上，通过菌丝繁殖的措施，羊肚菌的规模化种植已经开始。这大大地降低了对野生资源的依赖，并促进了羊肚菌产业的发展。

2.2 羊肚菌的分布

从分类学上来说，环境和气候等外界条件的变化会导致羊肚菌子囊果的形状、大小、颜色发生改变，甚至同一物种在不同发育阶段的形态特征也有较大差异（杜习慧等，2014）。羊肚菌属低温高湿性真菌，喜阴，生长土壤和植被类型多样，受海拔限制不明显，具有广泛的分布区域（陈杭等，2014）。据早期报道，羊肚菌属共有 28 种，分布于法、德、美、中、印等多个国家。而杜习慧等（2014）认为中国拥有羊肚菌属物种 30 种，比整个欧洲或北美都多，其中 20 种至今仅见于中国，11 种为新物种。陈杭等（2014）认为我国最为常见的有尖顶羊肚菌、褐赭色羊肚菌、高羊肚菌、黑脉羊肚菌等。

在中国，中国-喜马拉雅植物亚区是羊肚菌在中国物种丰富度最高的地区，也是羊肚菌属的物种多样性分布中心。该地区生境的多样化和环境的异质性可能为较高的物种丰富度提供了有利的条件。我国羊肚菌的具体分布地区包括云南、甘肃、河南、吉林、青海、四川、新疆、山西、河南、陕西等省区，详见表 7-1。从产量来看，羊肚菌产量最大的是云南和四川，约占全国总产量的 50%，每年收购干品约 100 吨，其次是陕西和甘肃（陈杭等，2014）。滇西的高黎贡山区域，滇东北昭通地区的金沙江流域，滇西北的迪庆、丽江是云南羊肚菌的主产区（华蓉、张微思，2017）。

表 7-1 中国羊肚菌的种类及分布地区

序号	物种	分布地
1	羊肚菌	云南、陕西、山西、青海、河南、甘肃、四川
2	硬羊肚菌	甘肃、四川
3	肋脉羊肚菌	甘肃、四川
4	普通羊肚菌	吉林
5	粗腿羊肚菌	青海、陕西、新疆、湖北、山东、四川
6	褐赭色羊肚菌	甘肃、四川
7	紫褐羊肚菌	甘肃、四川
8	尖顶羊肚菌	甘肃、陕西、河南、山西、青海、云南
9	小羊肚菌	陕西、山西、辽宁、甘肃、宁夏、四川
10	离柄羊肚菌	甘肃
11	高羊肚菌	云南、甘肃、新疆
12	黑脉羊肚菌	山西、新疆、陕西、四川、云南、甘肃、青海

资料来源：王龙等，2016。

3　羊肚菌的商业化过程

羊肚菌除了味道鲜美外，更重要的是拥有巨大的医用价值。在《本草纲目》中就有对羊肚菌化痰理气、补脑提神、润胃健脾、补肾强身等功效的描述（陈杭等，2014）。羊肚菌主治脾胃虚弱、消化不良、痰多、咳嗽、气短，同时对急性心肌梗死、脑卒中、肾功能不全及贫血等有预防和一定治疗作用。此外，既有研究发现羊肚菌富含人体必需的多种氨基酸、多糖、大量元素、微量元素及维生素，可增强人体的应急能力和免疫能力，有降血脂、调节机体免疫力、抗疲劳、保肝、美容增白、抗病毒、抑制肿瘤、减轻放化疗引起的毒副作用等功效（华蓉、张微思，2017）。因此，羊肚菌的消费量逐渐增加。

消费需求的不断上涨，带来了羊肚菌市场的变化，羊肚菌从过去的一文不值，变为每公斤过千元，成为珍稀食用菌。为保证市场供应，羊肚菌的人工繁殖和人工仿自然栽培在全国开展起来，同时各地结合实际情况，栽培模式逐步多样化，包括大田栽培、林下栽培，以及室内及反季节栽培等。羊肚菌在国内的种植面积在不断扩大（见图7-1），从2012年的几千亩扩大到2016年的2万多亩。虽然种植面积不断扩大，但在2015~2017年3年间，羊肚菌的统货价格基本维持在1000~1500元/公斤。羊肚菌商业化后具有巨大的市场潜力。

然而，虽然人工种植的羊肚菌已经初具规模，但其需求量日益增加。同时，由于羊肚菌独特的生态位和自然特征，要实现羊肚菌的工业化和规模化种植还不可能。同时，商业化种植的风险同样影响了羊肚菌行业的发展。以我国羊肚菌主产区川渝地区为例，2015年的种植总面积为16500亩左右，占全行业的68.04%；但因气候灾害和当年的市场价格波动，2016年同比下降43.64%，为9300亩左右，波动较大（刘伟等，2017）。此外，消费者仍然认为野生羊肚菌的营养价值和口味要好于人工繁殖的，因此，对于野生羊肚菌的追捧仍然不断。

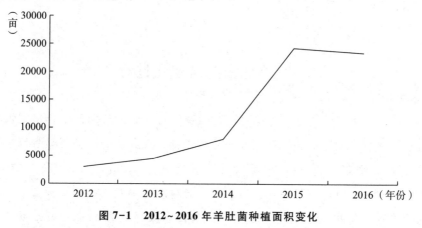

图7-1　2012~2016年羊肚菌种植面积变化

资料来源：刘伟等，2017。

从羊肚菌商业化的形势来看，可谓机遇与挑战并存。人们对羊肚菌产品的热捧，以及现代化栽培、管理等技术的不断进步，为羊肚菌的商业化提供了支持与保障（袁永成，2016）。羊肚菌目前在市场上仍然处于比较稀缺的状态，导致其价格明显高于其他类型的食用菌，驱动边远山区的农户进一步利用野生资源。另外，羊肚菌种植和栽培在前期的投入较大，对于普通的种植者而言可能无力承担。因此羊肚菌的种植者相对较少,造成了人们对野生资源的依赖。加之野生羊肚菌分布于特定的区域,产量有限,在掠夺性、毁灭性的采挖下,分布范围和产量呈现明显下降趋势,濒临灭绝(武东梅等,2013)。如何有效地保护和合理利用野生羊肚菌资源,既让其为边远山区发展做出贡献,又能保证资源的可持续利用已经成为亟待解决的问题。

4　羊肚菌价值链描述

相比而言,羊肚菌的价值链不如松茸和虫草那么复杂。由于羊肚菌的主要市场是国内市场而非国际市场,本节以国内市场的讨论为主。每年的4月至5月是羊肚菌的主要采集季节,在云南的羊肚菌的主要产区会有成千上万的采集者上山采集。相比于虫草和块菌,羊肚菌的采集相对容易,因为它出菇时间比较一致,而且子实体从土中生长,很多时候是成片的,相对比较容易被发现,采挖也比较容易,同时,在采集过程中子实体不容易受损,不会因此而价格下降。此外,羊肚菌与虫草和块菌相同,而与松茸不同的一个特征是,采集后的羊肚菌不一定需要新鲜出售,干燥后的羊肚菌更容易出售,并有很高的经济价值。

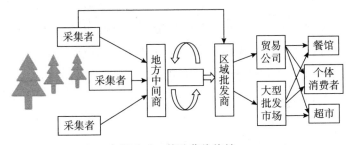

图 7-2　羊肚菌价值链

图 7-2 展现了羊肚菌价值链,可以看出农户在从森林里采集完羊肚菌后,一般可以销售给地方中间商。由于羊肚菌可以干燥后再进行销售,很多时候农户并不急于马上销售采集到的羊肚菌,而是等货物囤积到一定的数量后再销售。在多数情况下,他们会销售给来当地收购的地方中间商,

他们也会选择把羊肚菌销售给当地的地方中间商。此外，在另一些情况下，农户们会在羊肚菌晒干后在赶集的过程中把羊肚菌带到邻近的乡镇市场，如塔城镇或者奔子栏镇的市场，然后销售给地方中间商。地方中间商从农户手中收购到羊肚菌后，有的会直接销售给区域批发商。这些区域批发商有的来自当地，有的来自更远更大型的野生菌集散地，如大理和楚雄。其中，还有很大一部分地方中间商会直接进行倒手买卖。货物较少的地方中间商趋向于把羊肚菌销售给其他地方中间商，以减少自己的运输成本。这种现象在一些较为边远的村庄比较常见，村级中间商在从农户手中收购到羊肚菌后，趋向于到集市或等地方中间商来的时候，将羊肚菌销售给地方中间商。

区域批发商除了当地人外，更多的是来自外地的批发商。对于区域批发商来说，他们一般有两种方式获得羊肚菌。一方面，他们与地方中间商有长久的贸易和社会关系，因此，大量的羊肚菌是从地方中间商处收购的；另一方面，区域批发商，尤其是那些当地的区域批发商，会直接从农户那里收购羊肚菌，一般主要是农户直接带到集市里进行销售的那一部分羊肚菌。

区域批发商在收购到足够的羊肚菌后，经常会直接把货物销售给贸易公司。贸易公司则会把干燥后的羊肚菌进行分级包装之后销售给餐馆、个体消费者或者超市。部分羊肚菌在分级包装后也会销售到国外，如日本和欧洲等地。另外，一些区域批发商也可能会把羊肚菌销售到大型的批发市场，如昆明的野生菌批发市场、四川成都的野生菌批发市场等。在这些批发市场里，个体消费者、餐馆和超市的采购人员会进行采购，因此他们就是羊肚菌价值链的最后一层。

5 羊肚菌价值链参与者分析

5.1 采集者

羊肚菌价值链的第一层是羊肚菌的采集者。由于云南省的主要羊肚菌产区集中在滇西北的涉藏地区和丽江地区，本研究以德钦和维西两个县为

主。通过问卷调查，我们共访谈了 81 名农户，其中受访对象为男性的共
56 人，占受访人数的 69.1%；女性共 25 人，占受访人数的 30.9%。在民
族构成方面，所采访的农户全都是傈僳族。仅有 21.3% 的受访家庭中有外
出打工人员。根据问卷数据，农户的收入来源比较多样，包括农业、畜牧
业、林业、外出打工以及来自政府的退耕还林及其他补助。从采集羊肚菌
的收入来看，各户间的差别非常大，从 150 元到 5000 元不等。大多数农户
的收入为 1000~2000 元，多数农户每年销售至少 2 公斤的羊肚菌。此外他
们还参与到其他野生菌的采集和销售中，多数农户每年销售 30 多公斤的各
种野生菌。

表 7-2 采集者采集情况

单位：%

羊肚菌采集问题		频率
是否有采集证	是	100
	否	0
采集羊肚菌的频次	经常	100
	偶尔	0
是否认识采集生境	是	80
	否	20
采集地	自留山	2.4
	集体林	38.4
	随处采集	59.2
采集工具	手	100
	木棍	0
	锄头/钉耙	0
采集后生境保护	无保护	61.3
	树叶遮盖	38.7

资料来源：问卷调查。

从采集方面来说，羊肚菌采集者表示他们对于羊肚菌的采集是经常性
的行为，而且他们几乎每年都会去采集野生羊肚菌，平均有 20~30 年的采
集经验。由此可以看出，他们都是非常富有经验的羊肚菌采集者，有超过

80%的农户对于羊肚菌的生境非常熟悉，有的农户甚至表示他们有一些固定的采集点和采集地，以确保他们能在短时间内采集到较多的羊肚菌。对于采集地来说，极少的农户（占2.4%）在他们的自留山上采集；一部分农户（占38.4%）会在集体林中进行采集；而大多数农户（占59.2%）则采取随处采集的方式，他们既在集体林里采集，也会到国有的山地里采集，同时还会到其他村的林地里采集。因此，与其他野生菌一样，羊肚菌也属于开放索取性资源，由于权属不清，十分容易导致竞争性采集和冲突。受访农户中，有的表示由于"先到先得"的原则，很多情况下他们经常与邻近村子的农户发生冲突。虽然农户对权属概念不清楚，但是习俗边界和习惯边界经常影响农户对资源所有权的争夺，从而引发冲突。

在羊肚菌的销售方面，超过80%的农户以统货方式销售他们采集来的羊肚菌，仅有约16%的农户会采取分级的方式来销售。由于多数农户希望把自己采集的羊肚菌全部销售，所以他们不希望质量差的卖不掉、质量好的都卖完，他们更希望以统货方式出售羊肚菌。然而，不采用分级方式，很大程度上会造成农户收入的减少。同时，约13%的农户会销售未成熟的羊肚菌，这部分羊肚菌主要是在随见随采、"先到先得"的情况下采集的。销售未成熟的羊肚菌会直接造成销售收入低和潜在的资源破坏。在销售中，农户的销售对象是外来中间商的占到了28.7%，17.5%的农户把羊肚菌销售给地方中间商，有意思的是，53.8%的农户会到市场上进行销售，这与其他野生菌不同。这是因为羊肚菌可以销售干品，方便了农户收集；此外，还有一个原因是干品羊肚菌方便运输，所以农户更希望运输到市场销售。80.0%的农户认为销售的价格合理，而且超过98%的农户在销售中会和中间商讨价还价。

46.3%的农户认为对于羊肚菌的采集不需要采取任何管理措施，对于采集地和采集方式也没有必要管理。16.3%的农户认为应该由集体来管理，尤其要保证集体林中的羊肚菌不被外来的人采集。30%的农户认为应该依靠政府出台政策来规范羊肚菌的采集地和采集方式，避免无序采集和生境破坏的现象。在市场管理方面，13.6%的农户认为市场的价格机制可以给出一个合理的价格，80%的农户认为需要政府给予一定的指导。在市场指导方面，农户希望政府能提供最新、最准确的价格信息以便他们了解市场情况，而仅有 6.3% 的农户认为应该以集体的方式来促进公平价格体制的形成。在未成熟羊肚菌的采集与管理方面，农户的观点差异较大。20% 的农户认为未成熟羊肚菌不需要管理，他们认为销售未成熟羊肚菌对于生态的影响较小，影响的仅是收益，如果通过统货的方式销售，那么几乎没有影响。

表 7-3 采集者的销售情况

单位：%

羊肚菌销售问题		频率（%）
是否分级销售	是	16.3
	否	83.8
是否讨价还价	是	98.8
	否	1.2
是否销售未成熟羊肚菌	是	13.1
	否	86.9
销售给谁	地方中间商	17.5
	外来中间商	28.7
	到市场销售	53.8
	直接销售给公司	0
价格是否合理	偏低	16.3
	合理	80.0
	我能卖个好价钱	3.8

资料来源：问卷调查。

26.3% 的农户认为应该通过农户的自我管理来实现对羊肚菌的管理，农户可以自己选择采集还是不采集未成熟的羊肚菌；52.5% 的农户则认为应该由政府参与管理。可见无论是在市场方面，还是在管理方面，受访人群普遍希望通过以政府主导的方式来开展管理。

在小组讨论中，农户们充分发表了自己的意见。大家普遍认为保护好生态环境是实现羊肚菌保护和可持续利用的前提，对于森林植被的破坏是对羊肚菌最大的威胁。对于具体措施来说，农户们强调禁止外来人到当地或者他们传统的采集地采集是避免冲突的首要措施，他们希望这个工作政府能主动出面并出台政策。此外，不采集太小的羊肚菌、采取留小捡大的措施是保证羊肚菌自然再生的重要举措。他们也表示政府应该出台措施禁止采集太小的羊肚菌。最后，农户们表示由于羊肚菌目前已经实现人工繁殖，引进技术、开展培训、实现羊肚菌在当地的人工种植能大大降低对野生资源的依赖，也是促进羊肚菌保护的重要手段。可见，与其他野生菌相同的权属问题和生态保护问题，以及未成熟菌的采集是农户关心的问题，而不同的是羊肚菌的采集者更希望政府扮演主导型的角色。另外羊肚菌已经实现人工繁殖，因此农户对于繁殖技术的需求也不同于其他野生菌。在市场管理方面，小组讨论中，大多数农户认为提高产量是增加收入的主要手段，部分农户提及集体统一销售的方式可以增加收入，以及通过政府指导性价格可以增强市场的公平性。然而，极少有农户提及通过管理市场来实现资源管理，以及通过对市场的规范来增加收入和促进羊肚菌保护。

5.2　地方中间商

地方中间商是羊肚菌价值链的第二层参与者。我们在维西和德钦的村寨访问了 13 名地方中间商，其中 12 名为男性，1 名为女性。在民族组成上，汉族占 15.4%，藏族占 15.4%，其他都是傈僳族。地方中间商的年龄一般集中在 40~45 岁，同时 53% 以上的地方中间商拥有初中以上的学历。因此，从地方中间商的特征来看，与其他野生菌的地方中间商一样，羊肚菌的地方中间商集中于有一定文化水平、年轻力壮的男性，同时以当地的傈僳族为主。由此可以看出地方中间商有很好的基层社区网络，以及一定的对外沟通和联系优势。研究发现，与其他野生菌的地方中间商一样，羊肚菌的地方中间商不仅经营羊肚菌收购工作，还经营其他野生菌的收购工作，包括松茸、虫草、牛肝菌等，以及药材和其他的农林副产品，如花椒、核桃等。对于多数地方中间商来说，羊肚菌业务占到了他们所有野生菌收购业务量的 10%~15%，因此虽然松茸和虫草在当地是高经济价值的产品，但羊肚菌依然在地方中间商的野生菌收购活动中占有一定的经济地位。同时，在收购季节，由于羊肚菌收购属于所谓的"小本买卖"，因此

90%以上的地方中间商不会选择雇用临时人员帮助收购、运输。同时，我们发现与虫草和松茸不同，而与块菌相同，100%的地方中间商是以个人经营的方式开始收购工作，他们既不与人合伙，也不作为公司代表来开展工作。

从具体收购活动来说，76.9%的地方中间商在收购中不采取分级收购的方式，统货收购的方式使得对羊肚菌的质量要求和质量分级不明显。而23.1%的地方中间商两者都有，他们表示超过90%是统货收购，仅10%采取分级收购的方式。在收购中，69.2%的地方中间商仅从农户手中直接收购羊肚菌，而30.8%的地方中间商既从农户那里收购羊肚菌，也从其他中间商那收购。对于他们来说，超过80%的羊肚菌是从农户手中直接收购的，20%是从其他中间商处收购的。因此，虽然收购者间可能会有一定的倒手买卖，但是由于羊肚菌属于相对大宗的产品，与虫草等其他经济价值较高的菌类不同，商贩之间的倒买倒卖现象并不算太多，因此价格的变化也不是很大。

表 7-4　地方中间商收购情况

单位：%

羊肚菌收购问题		频率
收购方式	个人	100
	合伙	0
	公司代表	0
是否分级收购	分级	0
	不分级	76.9
	两者都有	23.1
收购对象	农户	69.2
	其他中间商	0
	两者都有	30.8
是否有固定销售渠道	是	7.7
	否	92.3
销售对象	当地老板	61
	外地老板	39
	出口公司	0

续表

羊肚菌收购问题		频率
价格波动因素	产量	7.7
	品质	23.1
	国内市场变化	61.5
	国际市场变化	7.7

资料来源：问卷调查。

从销售上来说，90%以上的地方中间商没有固定的销售渠道，他们多倾向于把羊肚菌运输到当地的市场进行销售。仅有 1 名地方中间商有相对固定的销售渠道，他知道上一层的区域批发商是谁，因此在收购后他能明确地知道如何进行羊肚菌的储存、运输以及什么时候销往什么地方。

根据对地方中间商的访谈，超过 60%的地方中间商把羊肚菌销售给当地老板，39%的地方中间商的销售对象是外地老板，这与虫草、块菌以及松茸不同。在讨论价格的时候，超过 20%的地方中间商认为影响价格波动的因素主要是品质，超过 61%的认为国内市场变化是主要的因素，而仅有 7.7%的地方中间商认为国际市场变化对价格波动有影响。这充分说明羊肚菌还是以国内市场为主，受到国际市场的影响相对较小。

在小组讨论中，地方中间商表示若要提高产量和质量，农户们需要保护好菌塘、保护好森林，同时做到减少人为破坏、不采集过小羊肚菌以及不乱挖腐殖土，这些是保护微观生境、确保羊肚菌可持续利用的重要的措施。在提高产量的同时，还要稳定市场，减少由投资过热造成的市场价格波动和人工种植过度等对市场供求的冲击，在确保质量的基础上实现资源的可持续利用。

5.3 区域批发商

羊肚菌价值链的第三层是区域批发商。根据我们在维西和德钦的调查，我们共访谈了 7 名区域批发商。这 7 名区域批发商在价值链中直接从地方中间商手中收购羊肚菌，之后再批发给大的贸易公司或者价值链中更高一层的批发商。

在这几名区域批发商中，有 3 人来自迪庆州，另外的来自楚雄（1

人）、大理（2人）、丽江（1人）。受访者中包括5名男性和2名女性，年龄集中在38~42岁，其中藏族2人、回族2人、汉族3人。同时，100%的区域批发商拥有小学学历，其中57%以上的接受了初中教育。因此，与地方中间商相同，羊肚菌的区域中间商集中于有一定文化水平、年轻力壮的男性，主要是因为他们具备较好的对外沟通和联系优势。同时，他们从事羊肚菌收购的时间在10~20年不等，几乎都是有一定经验和社会网络的区域批发商。

调查发现，与参与其他野生菌收购的区域批发商一样，羊肚菌的区域批发商并不仅仅局限于羊肚菌的经营，这使得他们参与到其他野生菌的收集和销售工作成为可能；更为重要的是，这使得他们形成了更为广泛的经济和社会网络。这些区域批发商不仅经营羊肚菌的收购工作，还经营其他野生菌的收购工作，包括松茸、虫草，以及其他中药材等。对于多数区域批发商来说，羊肚菌业务仅仅占到了他们所有野生菌收购业务量的10%左右，这说明相对于松茸和虫草，羊肚菌的重要性和经济价值较低。同时，一半以上的区域批发商会雇用临时人员帮助收购、运输，雇用人数一般为5~6人。同时，我们发现85.7%的区域批发商以个人经营的方式开展收购工作，14.3%的则通过合伙的形式开展收购工作，以获得更多的资金和更广泛的收购网络。

表7-5 区域批发商的收购情况

单位：%

羊肚菌收购问题		频率
收购方式	个人	85.7
	合伙	14.3
	公司代表	0
是否分级收购	分级	0
	不分级	85.7
	两者都有	14.3
收购对象	农户	14.3
	其他中间商	14.3
	两者都有	71.4

续表

羊肚菌收购问题		频率
是否有固定销售渠道	是	42.9
	否	57.1
销售对象	外地老板	57.1
	贸易公司	42.9
价格波动因素	产量	28.5
	品质	14.3
	国内市场变化	42.9
	国际市场变化	14.3

资料来源：问卷调查。

在具体的收购活动中，区域批发商既从地方中间商手中收购羊肚菌，也从农户手中直接收购。问卷调查结果显示，14.3%的区域批发商直接从农户手中收购羊肚菌；71.4%的区域批发商既直接从农户手中收购，也收购地方中间商的，二者所占比例各为50%；另有14.3%的区域批发商只从其他中间商手中收购羊肚菌。此外，与其他野生菌不同，羊肚菌价值链的高端层次依然保持着较高的不分级收购率。根据问卷结果，超过85%的区域批发商不采用分级收购的方式，仅有14.3%的既分级收购，也统货收购。这充分说明羊肚菌的品质划分和贸易市场细分还有待完善，同时分级标准也有待进一步研究和探讨。

对于销售对象，区域批发商与地方中间商最大的区别在于，42.9%的区域中间商有自己固定的销售渠道，而57.1%则到更高一级的批发市场进行销售而没有形成固定销售渠道。此外，57.1%的区域批发商把他们收购来的羊肚菌销售给外地老板，这些外地老板主要是可以直接从事出口贸易的，也有从事加工的，还有把羊肚菌销售到更高一级野生菌批发点的。而42.9%的区域批发商则直接把收购的羊肚菌销售给贸易公司。由于区域中间商属于价值链中的高一层级，因此他们有更多的机会接触市场。研究发现，42.9%的区域批发商认为国内市场变化是影响价格波动的主要因素，14.3%认为国际市场变化可能带来价格波动，28.5%认为产量会影响价格变化，这充分说明羊肚菌是以国内市场为主的野生菌产业。

访谈发现，对于有效的羊肚菌保护，受访者表示增强农户环保意识，以及提高科学采集技术水平，是可以采取的主要措施。同时，大家意识到气候变化带来的降雨和气温的变化也在改变着羊肚菌的出蘑率与生长状况。在市场方面，区域批发商认为应该保证质量和讲信誉，考虑市场的需要。尤为重要的是，应该有意识地把人工栽培的羊肚菌和野生羊肚菌分开销售，创立野生羊肚菌品牌以提高产品的附加值和市场的认可度。

6 羊肚菌价值链价格结构分析

羊肚菌可以在进行一定的干燥后再销售，这点与虫草和块菌相同，因此它对保鲜的要求没有那么高。当然在收购中，收购商的收购要求并不是羊肚菌完全干燥，因为在很多加工公司和批发商处，他们还需要进行进一步的干燥加工。所以，虽然羊肚菌可以干燥以后再销售，但农户并不倾向于囤积很长时间，因为在农村保存不好容易发霉。幸好，羊肚菌的质量不会随时间的变化而发生较大的变化，从而造成价格的波动。

表7-6 羊肚菌价格结构

单位：元/公斤

级别分类	销售价	收购价
一级	890±2.77	825±6.93
二级	790±2.77	775±6.93
三级	690±2.77	625±6.93
四级	590±2.77	575±6.93
统货	679.5±11.27	642±13.5

注：表中数据为均值±标准误。
资料来源：问卷调查。

表7-6展示了羊肚菌的价格结构，与虫草不同的是，羊肚菌的级别分类并不是那么精确，收购中的一至四级基本是由收购商提出的，没有一个可以具体遵循的、定量的标准。在实践中，各中间商根据目测来确定级别，而且每个中间商认可的分类标准会有一定差异。上文提到，农户在销

售时会与地方中间商讨价还价，更多情况下主要就是在讨论分类标准的问题。同时，很多地方中间商比较习惯于收购统货，这样能保证他们有很好的收益。统货包括大小不一的羊肚菌，其价格甚至高于特别小的四级羊肚菌。在很多地方四级羊肚菌泛指有一定破损的羊肚菌，被称为级外品。在销售时，很多农户会做简单的分类，即把级外品挑选出来，直接以统货的方式销售，从而获得很好的收益。

从表7-6中可以看出，羊肚菌在每个等级间的价格差异基本在100元/公斤，从中间商的利润空间来看，他们的利润在30~70元/公斤。然而，对于农户来说，他们的羊肚菌收入并不均衡，最多的农户一年的收入可以达到8000元，而最少的农户只有几百元的收入，这主要取决于他们在羊肚菌采集知识上的差异。当然当地的生态因素也决定了农户的采集量和时间投入。对于地方中间商来说，他们的收益相对均衡，差距不像虫草那么大，但是也存在差距。他们之间的差距主要由自己组织销售货物量的多少造成，同时资金量的多少也有一定影响。

7 羊肚菌价值链参与机制分析

以上分析阐述了参与到羊肚菌价值链中各个环节的直接参与者在羊肚菌交易和利润获取中的情况，本节简述羊肚菌价值链中各参与者的市场准入机制，同时讨论政府政策对羊肚菌价值链的影响。

羊肚菌的采集者为羊肚菌价值链的最底层。在采集中，除了成为社区成员和拥有森林的使用权，羊肚菌的采集知识也是确保他们在价值链中获利的重要机制。然而，成为社区成员并不一定是获得采集权的唯一方法，研究发现很多农户除了在集体林和自留山中采集羊肚菌外，还经常到国有的森林里采集。在国有林中羊肚菌没有清晰的权属关系，在很多时候依赖传统的权属和习惯边界来规范人们的采集行为，有的地方是通过村与村之间的村规民约来规定哪些地方应该由谁来采集。当然，调查也发现，村规民约对于当地人的约束力相对较强，而对于外村的人约束力相对较弱，因而在很多地方仍然容易造成资源的竞争性采集。此外，在国有林中，由于

"先到先得" 的原则，拥有丰富羊肚菌采集知识的农户能够比其他人更先找到羊肚菌生长的地方，采集到更多的羊肚菌，并获得更多的收益。

对于地方中间商来说，其是联系农户与市场的重要纽带。由于在价值链中的重要地位，因此收益很大程度上取决于其与农户以及与区域批发商间的社会关系，以及地方中间商间的社会和经济关系。研究发现，如果能与农户建立广泛而又相互信任的关系，就能确保地方中间商收购到更多的羊肚菌，从而获得更多的利润。此外，有部分地方中间商本来就来自当地，因此他们比其他地方中间商优先获得资源，并获得收益，这大大减少了其时间成本和交通成本，同时也保证和控制了羊肚菌的质量。地方中间商需要与区域批发商建立广泛的联系以确保他们收购到的羊肚菌能快速并且以合理的价格销售出去。研究中没有发现区域批发商会预先提供给地方中间商一定的资金用于收购，因此，地方中间商需要有一定的启动资金以保证能收购到更多的羊肚菌。同时，部分地方中间商也会与其他同一级的地方中间商建立联系和社会网络。这样一方面可以保证大家不会有直接的竞争，另一方面可以交流信息和相互购买羊肚菌以囤积数量。因此，资金、组织能力、收购能力，以及与农户、区域批发商和同级的地方中间商的社会关系，直接影响了地方中间商的利润。

在研究中，羊肚菌价值链的较高层级是区域批发商，他们直接与贸易公司或者外省的批发市场对接，因此是羊肚菌价值链中的重要环节。作为羊肚菌价值链的这一层的参与者，信息和资金是限制市场准入的重要机制。此外他们还需要有很强的网络能力和社会沟通能力，以确保能与地方中间商建立联系，并获得足够的羊肚菌。同时，区域批发商还需要与贸易公司建立重要的经济关系，以保证他们的货物能及时销售，确保资金回笼。因此，区域批发商在这几个因素上拥有的资源的不同，直接影响了他们获得利润的不同。

表7-7 价值链的参与机制分析

参与者	准入	准入机制
村民采集者	＊控制对羊肚菌资源的准入	＊社区成员 ＊森林使用权

参与者	准入	准入机制
村民采集者		* 村规民约 * 传统权属和习惯边界 * 羊肚菌采集的知识
地方中间商	* 控制对农户和农村市场的准入 * 控制对市场的准入 * 控制对信息的准入	* 少量资金 * 组织能力 * 收购能力 * 与农户的社会关系 * 与区域中间商的社会关系 * 地方批发商间的社会和经济关系
区域批发商	* 控制对信息的准入 * 控制对市场的准入	* 资金 * 信息 * 与地方中间商的网络 * 与贸易公司的经济关系

资料来源：田野调查。

8　结论和政策建议

对于羊肚菌来说，现在已经完全证实了羊肚菌含有丰富的蛋白质、多种维生素以及人体所需的氨基酸。它不仅味道鲜美，而且营养价值非常丰富，是一种天然的补品。因此，羊肚菌由于较高的食用价值和药用价值成为都市人群追求绿色与健康的首选食用菌之一。目前虽然羊肚菌已经实现了人工繁殖，但是由于其特殊的生境要求，尚未实现大规模的工业化生产。因此，在云南、四川等地，野生采集的羊肚菌依然占有较大的市场份额。每年羊肚菌的采集和销售工作，不仅成为山区老百姓的重要经济来源，同时也为当地提供了就业机会并增加了税收收入。然而，商业的开发不可避免会带来资源的压力，以及在利益共享和利润分配上的挑战。本章通过开展对羊肚菌的价值链研究，探讨羊肚菌在生态上和经济上的可持续性。作为结论和政策建议部分，本节针对羊肚菌价值链中的三个主要节点进行阐述。

（1）采集节点

与其他野生菌一样，采集节点是促进羊肚菌可持续利用的第一步，也是最关键的一步，因为采集节点直接涉及对于羊肚菌资源的直接获取和获取的数量。在商业化的进程中，羊肚菌在一些区域被过度采集的现象经常发生，主要是对过小菌体的采集，以及在采集中对生态的破坏，也就是常说的"杀鸡取卵"式的采集，造成了地下菌丝和生态环境的破坏，如刨根、挖地等采集方式，采集后没有进行回土覆盖等。因此，在采集的技术上，政府应该对羊肚菌的采集者进行培训，形成科学有序的采集方法并进行推广。同时应该规范使用采集工具，避免用锄头挖，避免大范围采集造成的生境破坏。此外，政府还应协助当地农户开展森林防虫防火等工作，进一步促进森林的有效管理，保护羊肚菌的生境。

除了采集技术，对于羊肚菌的采集地，研究发现，羊肚菌的权属关系非常不清晰，农户大多是以随处采集的方式来采集羊肚菌。很多时候他们既在当地的集体林中采集，也会到国有林里采集。这点和其他野生菌有很强的相似性。而且，当地人有自己传统的权属安排，这种安排与现行的法律上的正规安排存在很大的不同，造成传统权属安排和边界与法律权属安排和边界的交错，从而造成权属的不清。在权属不清的情况下，非常容易造成羊肚菌的过度采集、竞争性采集和资源的冲突。明确产权是羊肚菌管理的重要手段。然而，明确产权并不能采用单一的私有化或者收归国有的措施，应该结合当地的情况和传统，探讨共有财产的有效管理模式和措施。

在野生羊肚菌资源逐渐匮乏的同时，在已有的基础上开展人工繁殖和人工仿自然栽培是缓解野生资源压力的重要手段。政府和科研部门应该在羊肚菌种植方面多开展培训，尤其是针对小农户的培训，以确保市场不会受到冲击，同时让更多的小农户获得收益。

（2）地方收购节点

因为羊肚菌属于非保护性物种，所以在市场监管上并不像虫草和松茸一样严格。然而，缺乏市场监管可能是造成资源过度采集的原因之一。研究发现，很多农户可能采集过小羊肚菌，或者破损羊肚菌。而这些羊肚菌很大程度上都是通过地方收购节点流入市场的。因此，在这一节点加强市场监管和对地方中间商环境意识的培养是十分有必要的。此外，研究也发现，地方中间商作为联系农户与市场的重要桥梁，扮演着重要的角色。他们不一定赚取了最多的收益，对于地方中间商的扶持，以及增强他们的保护意识可以促进对市场的管理，并通过市场的透明化避免地方中间商间的恶性竞争。

（3）区域批发节点

区域批发商是将羊肚菌推向市场的主要参与者。在区域批发节点，应该进一步增强出口的能力，以及提高产品附加值。这样可以摆脱单一的依靠大宗贸易批发羊肚菌的方式。提高羊肚菌附加值的方法之一是开展羊肚菌的深加工，生产出更多的羊肚菌加工产品。此外，区域批发商有必要实施自己的品牌战略，通过原产地认证、公平贸易认证等认证手段和措施提高羊肚菌的附加值。最后，区域批发商应该更大规模地联合农户开展电商销售活动，通过电商平台减少中间环节，增加羊肚菌参与者的收益。

第八章　结论和建议

1　引言

　　森林不仅提供生态服务功能，也为当地农户以及世界各地提供重要的林副产品。在多数发展中国家和欠发达地区，林副产品的经济功能对当地的农户生计和扶贫开发起着举足轻重的作用。同时，伴随着商业的开发和经济的全球化，很多边远山区的林副产品通过不同的渠道走向国际市场。商业化和全球化在为山区带来更多的经济收入的同时，也给森林资源的可持续发展和农户利润分享等带来了更多的挑战。

　　因此，在全球价值链下的林业不是一个封闭的系统，如果在管理中把林业当成是一个孤立的行业来对待，倾向于用以林业为中心的解决方法去解决林业系统以外的问题，其结果往往是以失败而告终。许多的森林问题，归根到底是管理问题。管理问题错综复杂，涉及跨地区和跨部门的各种关系与不同的价值观以及行政体系的设置。管理受政策的引导，靠法律来保障，并通过机构来实施。尤其，目前在经济全球化和商业化的背景下，林副产品的全球价值链变得更为复杂了，增强了林副产品管理的复杂性。

　　本研究采用价值链的方法，探讨林副产品管理和市场以及由此产生的资源可持续性的问题。本研究基于不同的学科背景，采用跨学科的研究方法，从政治经济学、管理学、生态学等角度，以人类学的视野描述和分析了松茸、虫草、块菌以及羊肚菌的价值链，现就研究结果在理论上和实践上的贡献进行讨论与反思。

本章作为全书的结论部分将从四个部分来进行总结。首先，我们通过对四个产品的对比分析总结本研究的主要发现。其次，基于我们的研究发现，讨论本研究在理论和方法方面的贡献。再次，根据研究中的主要发现，提出对现行政策的建议。最后，讨论研究的不足和局限性，并提出对今后类似研究的建议。

2 研究案例对比及主要发现

（1）资源权属

研究中的一个共性的问题是，野生菌的权属完全区别于森林的权属。在法律层面讨论的权属问题，与实践中的权属完全不一样。法律明确了自有林、集体林和国有林的区别，这样的权属关系仅仅规定了木材和林地的权属，对于林副产品的权属规定并不清晰。因此，我们很容易发现，农户既在自有林和集体林里采集野生菌，也在国有林里采集。一般在自有林和集体林里采集，都有一定的规定，如不允许外来者采集，以减少竞争性采集和冲突，从而形成保护性采集的模式。然而，在国有林中，由于没有清晰的产权界定，非常容易出现冲突和竞争性采集，从而造成资源的过度利用。而且在多数情况下，这些权属不清晰的国有林的资源变成了开放获取型的资源，最终导致资源的匮乏和衰减。

此外，资源权属中也存在传统权属与法律权属的重叠和错位。在虫草案例中传统的放牧区与行政边界不一致，而在虫草商业化后价格倍增，传统的放牧区也是采集区，但是由于与行政边界的错位，以及人们对资源权属认识的不同，形成了资源冲突。在松茸案例中，传统的资源利用地区在自然保护区建立后被国有化，然而，保护区管理者采用了社区共管的模式，根据传统权属把松茸采集权赋予了农户，从而避免了资源开放获取的形式，实现了资源的有序利用。因此，野生菌的资源权属与法律中的权属不一致，本研究充分发现了资源权属的复杂性。

（2）采集技术

对于野生菌来说，采集技术直接影响野生菌的可持续采集和利用。从微观来说，采集技术是否恰当直接影响地下菌丝的繁殖和生长。研究发现，各地和各个物种间的采集技术的差异比较大。在四种野生菌中，松茸的采集技术相对来说比较可持续，绝大多数农户有盖土并使用合适的采集工具，以减少紫外线和风对采集后的地下菌丝的破坏。对于块菌和虫草来说，多数农户有盖土的习惯，但是在采集工具上用锄头的比较多，这很容易伤到地下菌丝。在羊肚菌的采集中，仅有部分农户会采取盖土的措施。

采集技术使用得当与否受到两个方面的因素影响。首先是农户的意识。由于采集技术并不复杂，农户是否运用适当的采集技术取决于农户意识的强弱，而农户意识的增强依赖于政府的宣传和培训。以松茸为例，它是受到关注最多的物种，因此政府的宣传和培训也较多，同时还有非政府组织的参与，大大增强了老百姓的意识。其次，采集技术是否得到运用也受到权属的影响。在资源权属较为明确的地方，农户比较愿意用精细的采集方法和技术，以保证野生菌的再生，如松茸和部分地区的块菌采集实践；相反，在权属不明确的地方，农户采取的采集方式和技术比较粗放，对于野生菌的再生和可持续利用考虑较少，如部分地区的块菌和虫草采集实践。

同时，我们需要看到，对于采集技术来说，很多采集技术首先是由传统的做法和地方性知识发展起来的，并不一定完全依靠科学知识。以松茸为例，是农户首先提出利用木棍采集和采集之后盖土的。以块菌为例，是农户首先发现用小猪和狗来寻找块菌生长的地点，从而避免到处乱挖的。由于老百姓世世代代的生活都依靠当地的自然环境，他们总结出了关于野生菌采集的地方性知识，这是促进野生菌可持续利用重要的知识宝库。

（3）文化特征和因素

研究发现了文化的重要作用。采集者、收购者、批发商各自的身份决定了他们能否进入价值链中，以及他们在价值链中的角色和地位。这种身份包括民族身份、地域身份等。在当地松茸市场，藏族的身份能让小中间商与采集者之间形成互惠关系并形成地方网络；羊肚菌和块菌的区域批发商基本来自楚雄或者大理，这使得他们之间形成了与民族和地理区域相关的文化关联性，从而使他们形成了网络和社会关系。本研究清晰地发现，这些社会的、文化的以及经济的关系是交织在一起的，很难辨别哪一种关系或者因素的影响更为强烈。然而，比较清楚的发现是文化特征在价值链中起到的作用，并不是让参与者的利益最大化，相反，更多的是让大家都能有一定的生计机会，让有文化同质性的人都能在全球价值链中获得收益并实现互惠。

（4）价值链中的中间商

在过去的研究中，决策者们时常认为地方小老板和地方中间商在一定程度上获得了交易中的大部分利润，因此推测他们是利润的最大获取者，而农民往往是吃亏的。然而，我们的研究发现，对于中间商的讨论应该因人而异。就松茸和块菌市场而言，大多数的中间商不但要承担很高的交易成本到大山里直接向农户收购松茸，还要面临松茸价格浮动的巨大风险。综合来看，他们负责把松茸在较短的时间内从山区运出以保证质量，同时把松茸交易的风险在更广泛的人群中共担。因此，地方中间商在市场中扮演着十分重要的角色。如果让几家公司来完成收购活动，很有可能无法保证所有农户的松茸都按时被收购，同时这些公司也无法单独承担价格浮动的巨大风险，而最终很有可能的结果是农民由于无法按时出售松茸或因松茸价格变动而成为最大的受害者。然而，在虫草市场中，中间商由于掌握着分级销售的技巧以及囤积虫草等手段，往往能够获得更多的利润，尤其是在某些产量较少的地区，收购的中间商比较少，市场缺乏透明度。这样容易形成中间老板对市场的控制局面，使得中间商得到了更多的利润。因此，对于中间商应该从一个不同的视角，认识到不同的中间商的角色和功能不一样，这使得他们在市场中的地位不一样，从而造成其收入不一样。

（5）地方市场

研究发现，四种野生菌都是从采集地销往地方市场，之后到批发市场，部分再走出国门。价值链从参与的人群数量来看，是一个金字塔型，即采集地参与的人最多，其次是地方市场，再次是批发市场，出口市场参与的人最少。地方市场起到了重要的链接采集地与外界市场的作用。与此同时，野生菌收购为当地提供了重要的就业机会。目前，地方市场由于地域优势，仍然以当地人为主，从某种意义上来说，为当地的经济发展和就业提供了帮助。然而,在地方市场中,对于收购未成熟野生菌和过成熟菌的监督管理不利,没有起到从市场源头促进资源可持续利用的作用。市场和商业利益的驱使容易造成市场失灵的态势。此外,研究发现,所有的林副产品都过分依赖地方市场作为桥梁联系采集地与外界,而跨越地方市场的电商平台方式,或者在成熟的地方市场以电商寻找更广泛的消费群体的模式几乎没有开展,这也是制约基层利益分配的因素之一。

（6）出口环节

对于出口环节,我们发现由于许可证制度和出口许可权形成了出口公司和企业垄断的局面。从政策层面看,虽然目前已有很大改变,我国自提出出口权由审批制转为登记制以来,理论上在出口权的管理制度上增强了灵活性,但是在实践中,拥有出口权的企业仍然在出口环节获取了较大的利润。这影响了利润分配和风险承担的公平性。在很多情况下,出口企业不但可以获得代理费,还能享受出口退税和出口补贴等优惠政策,从而获得更多的收益,由此削弱了产品的国际竞争力。此外,在很多情况下,为保证对于出口企业的规模化管理,出口权往往掌握在出口量较多的几家公司手中,从而造成小公司由于出口量少,只能依靠大公司作为代理,而大公司不需要真正开展野生菌业务,仅仅依靠代理就能获得足够的出口量。这造成了价值链中的分配不均匀问题。

3 理论和方法的讨论

（1）丰富了价值链方法

本研究进一步丰富了价值链方法,尤其丰富了价值链在民族地区林副产品方面的研究。对于林副产品管理这个复杂的问题,很难较全面地阐述和分析价值链中采集、收购、流通、销售各个环节所出现的不同问题。单一学科的研究基于各自的学科背景,不同的学者可能会从不同的角度来看待和分析价值链中的问题。经济学家可能较重视每一个环节的成本利润分析、企业运营战略分析等;生物学家则把市场对生境的影响作为研究重点;政治学家可能着重于把世界政治经济体系对产业的影响作为中心;而人类学家可能较为关注人类文化对市场形成和物品交换的影响。因此，价值链研究本身就是一个跨学科的研究，不能仅仅局限于某一个学科或者某一个领域，只有这样才能比较全面地了解问题所在。因此，当今价值链的方法本身就是一个多学科的方法，它不再是过去简单的成本利润分析，它需要更广阔的视野，结合生态学、经济学、政治学、人类学，甚至国际关系等多学科方法和视角，实现对客观事物的全面了解和分析。

（2）资源权属的社会复杂性

本研究进一步揭示了资源权属的复杂性。资源权属讨论的不仅仅是人对某种资源的拥有，更是对此资源产生的人和人之间的社会关系，从而通过这种社会关系让拥有这个资源的人获得收益。在价值链中，我们清晰地看到了资源权属的复杂性。在采集地，虽然野生菌是附属于森林生长的，但是森林的权属不能代表野生菌的权属，同一资源其权属可能存在一定的重合和交叉，如现行法律权属和传统权属、国有林和集体林等。同时，权属作为一种制度安排，是机制的一个部分。我们可以清楚地看到法律里的机制（rule-in-paper）与实践中的机制（rule-in-use）有很大的区别。以国有林为例，虽然森林由国家所有，理论上林副产品也属于国家，但是在实践中，国有林中的林副产品的权属却实际上属于开放获取式的，谁都可以拥有，先到先得。在某些地方，可能形成了实践权属遵循传统权属的管理模式，为某村所共同拥有。由于法律权属和实践权属的不同和差距，研究权属的理论变得更为复杂。

因此，在研究中既要考察法律的权属制度安排，又要考虑实践中的权属实践，同时还要考虑权属之间的冲突、矛盾、重合等方面。在这个复杂的社会维度下，权属深刻地反映了人和人之间关于某一物/产品的复杂关系，这种权属的社会关系和社会复杂性的形成受到法律、规则、文化、传统、经济甚至人们日常的生活习惯影响。同时，权属不是一个静态的制度安排，它是经常变化的。在人们的行为和生产中，人们可能形成不同的故事、话语来说服对方，同时他们的故事和话语又在不断地受到外来话语和实践的挑战，从而形成了权属的社会复杂性和动态性。

（3）交易中的非经济性

政策的因素十分重要，本研究发现出口权体制直接影响了市场交易的方式和利益的获得，如政策管理式的松茸交易模式中经济行为往往受到政策的巨大影响。可见，市场本身并不是一个纯粹的经济实体，它包含了经济的、文化的、民族的、政治政策的因素。所以，价值链的形成和买方与卖方之间更多的是一种基于不同因素的社会联系和社会网络，而非纯粹的经济联系和经济网络（He，2010）。

4 政策建议

（1）明晰资源权属

政策干预措施的主要切入点应该在资源权属上，只有资源权属得到明晰和保障才能促进资源可持续利用，并增强当地人在资源保护上的积极性。然而，资源权属的明确，尤其是集体林中资源权属的明晰，需要尊重当地的传统，避免"一刀切"的政策；同时，要保证资源权属的明确工作有当地民众的充分参与，以避免资源冲突等问题。权属的确定不能采用单一化的"承包制"或者收归国有管理，应该采用多种经营方式，考虑地上部分（森林）和林下经济（野生菌）分开，利用公共产品资源制度，发挥农户的主观能动性，并把个体承包制和集体合作管理等方式结合起来。因此，在资源权属的明晰方面，政府应该作为引导者和协调者，而不是指挥者，充分把权力下放给当地社区，促进以社区为基础的保护。

对于国有林，更应该采用公共产品资源概念，考虑社区和国家公共管理的模式，实现保护与发展的双赢。政府相关机构可以借鉴保护区社区共管的成功案例，在尊重当地传统权属的基础上，建立林木权属国有、林副产品社区所有的共同管理模式。同时，还应建立国家和社区权责分明的有效机制以实现对国有林的共管。

（2）改善采集技术

对于野生菌的采集技术，政府首先需要与科研机构联合，开展广泛的研究，探索不同采集方法和采集技术对生态的影响。研究中需要充分吸收民间好的采集技术，并将其与科学技术相结合，进行科学验证，探讨民间地方性知识的有效性和重要性，从而开发既有效又富有操作性的采集技术和手段。在采集技术和手段形成后，政府机构需要通过各种形式，开展采集技术的培训工作，培训中需要考虑少数民族的接受程度和少数民族语言的障碍，科学有效地把采集前的采集工具选择、采集中的具体采集方式、采集后的菌塘保护等具体措施结合当地情况进行推广。同时，还需要在培训中涉及对整体森林生态系统的保护，从而促进微观上的小生境和宏观上的大系统的保护，以保证野生菌生境和生态系统的完整。

（3）管理地方市场

在地方市场层面，政府应该加强对地方市场的监督和管理以避免未成熟野生菌或过成熟野生菌的流入，如此可以大大避免野生菌的过度采集，确保野生菌的可持续利用。在有村级市场的地区，政府应该联合村委会，发挥村委会的职能，形成村级市场监督。在县乡级市场，政府应该让工商管理部门发挥监管和巡查的作用，最大限度地避免未成熟野生菌和过成熟野生菌的流入和贸易，从而避免野生菌的过度采集。

除了管理方面，在地方市场层面，也需要政府提供必要的服务，其中最为重要的是信息服务。政府机构可以在地方市场定期披露当地的市场价格和其他地区的市场价格，通过信息披露，增强市场的透明性，最终促进价值链的利益共享。

（4）鼓励建立村级野生菌协会

在村级层面，政府应该鼓励投资建立村级野生菌协会。协会的建立可以促进三个方面的发展。第一，村级野生菌的采集管理，可以依托协会来开展。协会成员认可协会的章程和规定，从而确保可持续采集规定的有效实施。第二，村级市场的管理，可以依托协会来开展，通过协会的会员制度，开展村级市场监督，由协会协调村委会进行监督，促进管理的有效性。第三，村级培训工作可以依托协会来开展。通过协会的会员制度，开展技术培训和技术推广，保证科学的采集技术和可持续利用方法得以普及。因此，在村级层面大力推动野生菌协会的建立有助于资源的可持续利用。

此外，协会还可以承担促进利润共享的功能。经验表明，由于协会的建立可以增强农村社区的议价能力，让单一农户面对中间商的弱势，改为协会面对中间商的强势，从而平衡权力的关系，保证农户获得更多的收益。有的地方通过协会的统购统收，大大增加了农户的收益。

（5）促进农村电商发展

本研究遗憾地发现，没有一个地方开展了电商贸易。而如今电商已经被证实是缩短全球价值链、实现生产者与消费者直接对接的最好方式。因此，电商贸易的开展不但可以促使生产者获得更多收益，同时也能让消费者获得更多的实惠。在村级层面开展电商服务需要做好如下三个方面。首先，利用好科技扶贫和电商扶贫的政策。开展电商培训，让农户了解电商，开始进行电商交易。其次，通过农村野生菌协会开展电商贸易，变单一的行为为集体的行为，更有效地推广野生菌电商贸易的开展。最后，在省级层面帮助农户建立野生菌电商平台联盟，通过大平台降低门槛，让小农户能以较低的成本和技术要求轻松开展电商贸易。

（6）开展野生菌认证工作

对于野生菌开展认证工作，可以促进资源的可持续利用和利益的分配。首先应该针对云南省特有的野生菌开展原产地标识的认证，增强资源的品牌效应和国际市场的竞争力。原产地标识的认证有利于增加产品的附加值，促进利润的获取和分配。然而，原产地标识的获取必须由地方政府引导和牵头，协同科技研究机构来开展。因此，应该由省政府加大宣传培训力度，加强地方政府的能力建设，强化意识，由地方政府逐渐开展野生菌的原产地标识的认证工作。

此外，在条件成熟的地区，尤其是主要供应出口的地区，应该开展有机认证。野生菌本身是天然产品，开展有机认证的条件完全成熟。然而，目前制约有机认证的因素有两个：一是认证成本较高，二是认证手续复杂。针对认证费用高，政府应该给予特殊的补助，支持有机认证，尤其是支持小农户有机认证，提高产品附加值并增强竞争力。针对第二点，其实根本原因是对于有机认证不熟悉。因此，政府应该加大培训和宣传力度，带动小农户集体参与有机认证工作。

针对小农户集体的林副产品，尤其是出口产品，国际上还有公平贸易认证体系。公平贸易认证体系不但能改善价值链中的利益分配方式，促进小农户获得更多的收益，也能体现一个企业的社会责任和社会服务，是一个社会成熟的标准。然而，目前我们几乎没有开展过公平贸易的案例。因此，科研机构和政府应该合力开展公平贸易认证体系的相关学习和培训，支持和协助小农户开展公平贸易认证工作。

（7）规范出口市场

对于出口市场，本研究已经讨论过很多。一方面，政府需要下放出口权，让更多的小型机构和企业参与出口竞争。另一方面，政府应该鼓励建立出口商会和野生菌出口协会，通过商会和协会的模式，把分散的小企业集合起来，并把出口权给予商会和协会，从而促进小企业的联盟，实现小企业的直接出口，改变出口市场的垄断局面。同时，政府还应该最大限度地提供海外商业资讯，让国内机构获得更多的信息，增强它的出口竞争力。

5 研究不足和局限性

在研究实践中，由于资金、时间、学科背景等原因，本研究从研究设计到最终获得的研究结果存在三个方面主要的局限性。

（1）价值链的消费环节调查的局限性

对于一个完整的价值链研究，需要从生产环节联系到消费环节。然而，由于资金和时间的局限，在项目研究设计时，我们已经明确了研究仅局限于野生菌价值链的国内部分，所以本研究中的一手资料的获取没有涉及消费环节。本研究几乎没有涉及国外特别是日本和欧洲消费市场与消费环节的调查，在消费环节的信息多来源于对二手资料的收集和分析。目前已有的研究中，对于林副产品的价值链研究主要集中于产地和当地销售环节（如 He，2016；To et al.，2017；Dong and He，2018）。因为这个环节直接影响林副产品的可持续利用。然而，越来越多的研究发现由于经济全球化，消费者行为的变化可能间接地影响产地的管理措施和行为，从而对价值链的形成和结构产生影响。因此，在今后的研究中，在资金和政策允许的条件下，开展一定的国外消费者的调查，从而了解消费者行为和消费者态度以及消费市场，对完善全球价值链的研究有重要的意义。

（2）样本数和样本选取的局限性

价值链的研究经常使用滚雪球的方式进行抽样，其作为价值链中摸清产品流程和了解价值链基本结构的样本选取方法十分有利于马上开展研究与了解价值链的基本形态。然而，如果需要获得更有效的定量数据，尤其是关于价格、成本、产品数量的信息，则需要开展大范围的调查，在摸清每一个价值链节点的参与者人数后，根据随机抽样的方法来获得客观的、有代表性的样本，从而得到更为权威的数据。然而，由于人力和时间的局限性，实现总体样本估算和随机抽样几乎是不可能的，因此本研究在研究设计中，固定预设了价值链在每个节点的样本数，同时采用了滚雪球的方式来选取样本，以确保研究的可操作性。由于方法论上的局限性，本研究在样本数和样本选取方面存在局限性。因此，在今后的研究中，应该考虑大数据方法与价值链的结合，从而在保证研究的可操作性的同时，提高研究数据的精确度。

（3）跨学科研究在实践操作中的局限性

要实现全方位的跨学科研究，需要每一个研究人员具备跨学科的背景并受过相关训练。由于研究人员研究背景的差别以及差距，获取的数据有一定差别。在本研究中，我们很容易发现，在松茸研究中我们较好地把定性研究与定量研究结合起来，在块菌和虫草的研究中定性研究尤其是人类学分析相对较少，在羊肚菌的研究中主要以问卷研究为主。因此，在今后的研究中，对于研究团队的建设需要更多投入，进一步促进跨学科、跨领域的多学科方法的结合和融合。

参考文献

陈杭、郑林用、赵艳妮，2014，《我国羊肚菌的资源现状及开发应用》，《中国食用菌》第 2 期。

陈惠群、刘洪玉、李子平，1998，《块菌生态学特性的初步研究》，《食用菌学报》第 1 期。

陈娟、邓晓娟、陈吉岳、乔鹏、张介平、万山平、王冉、刘培贵，2011，《中国块菌属多样性》，《菌物研究》第 4 期。

陈应龙、弓明钦，2000，《块菌资源多样性及其地理分布》，《中国食用菌》第 5 期。

戴宝合，2003，《野生植物资源学》，中国农业大学出版社。

董敏、何俊、Marco Stark、罗明灿，2017，《基于价值链视角的云南 4 种非木材林产品贸易研究》，《西部林业科学》第 2 期。

杜习慧、赵琪、杨祝良，2014，《羊肚菌的多样性、演化历史及栽培研究进展》，《菌物学报》第 2 期。

方震东、谢鸿妍，2004，《大河流域的生物多样性与民族文化关系浅析》，《中国生物多样性保护与研究进展Ⅵ》。

冯彩云，2002，《世界非木材林产品的现状及其发展趋势》，《世界林业研究》第 1 期。

尕丹才让、李忠民，2012，《藏区生态保护、资源开发与农牧民增收——以冬虫夏草为例》，《西藏研究》第 5 期。

弓明钦、陈羽、王凤珍、陈应龙编著，1999，《松茸》，云南科技出版社。

关百钧，1999，《世界非木材林产品发展战略》，《世界林业研究》第 2 期。

韩省华，2010，《食用菌中的黑钻石"松露"》，《浙江食用菌》第 4 期。

何俊，2004，《谁采集松茸、谁控制市场、谁获得收益：商业化后迪庆州鲜松茸市场的经济人类学研究》，载许建初、安迪、钱洁主编《中国西南民族社区资源管理的变化动态》，云南科技出版社。

何丕坤、何俊，2003，《热带社会林业》，云南科技出版社。

胡炳福，2003，《块菌研究及我省开发利用块菌资源前景展望》，《贵州林业科技》第 1 期。

胡慧娟、李佩珍、林涛、杭秉茜、郭跃伟，1994，《块菌多糖对小鼠肿瘤及免疫系统的影响》，《中国药科大学学报》第 5 期。

华蓉、张微思，2017，《云南省野生食（药）用菌主要品种及其药用价值》，《中国食用菌》第 2 期。

黄晓玲、谢志忠、林群，2002，《通过农林复合生态系统发展非木材林产品》，《林业经济问题》第 4 期。

建龙，2009，《鸡翅羊肚菌》，《健身科学》第 5 期。

李文才，2011，《生态脆弱地区农牧户生产经营行为研究——以西藏典型县（市）为例》，博士学位论文，中国农业科学院。

李怡，2007，《非木质林产品开发利用的历史沿革与趋势探析——四川省平武县的实证分析》，《农村经济》第 11 期。

刘培贵、王云、王向华、陈娟、郑焕娣、邓晓娟、乔鹏、姜华、田宵飞、张介平、万山平、王冉，2011，《中国块菌要览及其保护策略》，《菌物研究》第 4 期。

刘培贵、袁明生、王向华、孙佩琼、杨雪，1999，《松茸群生物资源及其合理利用与有效保护》，《自然资源学报》第 3 期。

刘世玲、李克彬、朱红、林建新、施昌华、周洁、李云飞、杨迎春，2016，《羊肚菌人工驯化栽培技术现状与问题探析》，《食药用菌》第 5 期。

刘伟、张亚、蔡英丽，2017，《我国羊肚菌产业发展的现状及趋势》，《食药用菌》第 2 期。

刘自强，2003，《关于云南松茸出口的思考和建议》，《国际农产品贸易》第 86 期。

吕星、金亚玲、王志和，2007，《林下资源与山区农户生计关系案例分析》，《林业经济》第 8 期。

彭卫红、甘炳成，2016，《四川羊肚菌产业发展现状分析》，《植物医生》第 7 期。

沈茂英、许金华，2016，《林下经济内涵特征与扶贫实践探究——以川滇连片特困藏区为例》，《四川林勘设计》第 3 期。

苏建兰、陈建成、李毅，2010，《云南松茸产业链及其经营主体决策影响因素分析——香格里拉等四县市实证分析》，《林业经济》第 11 期。

陶恺、刘波，1990，《中国块菌的生态和营养价值》，《山西大学学报》（自然科学版）第 3 期。

王龙、郭瑞、路等学、秦鹏、赵玉卉，2016，《羊肚菌物种多样性研究现状》，《西北农业学报》第 4 期。

王云、刘培贵，2011，《块菌名实考证及其资源保护》，《植物分类与资源学报》第 6 期。

吴良镛主编，2000，《滇西北人居环境可持续发展规划研究》，云南大学出版社。

武冬梅、谢宗铭、李全胜、罗云波，2013，《新疆伊犁野生羊肚菌种质资源调查及生境分析》，《中国食用菌》第 3 期。

向丽，2013，《冬虫夏草保护生物学研究》，博士学位论文，北京协和医学院。

杨雪青、杨雪飞、何俊、刘培贵、许建初，2013，《印度块菌在未来气候变化情景下的空间分布模式——以云南省为例》，《植物分类与资源学报》第 1 期。

杨宇华、苏开美、王志和、白宏芬、余艳，2006，《楚雄州野生菌资源的管护及经营对策探讨》，《西部林业科学》第 4 期。

尤文鹏、顾龚平、纪元，2008，《国际森林认证与我国野生森林产品开发》，《中国野生植物资源》第 6 期。

袁永成，2016，《羊肚菌商业化发展现状分析及未来发展的思考》，《农业与技术》第 12 期。

云南省农家书屋建设工程领导小组编，2009，《松茸管护新技术》，云南科技出版社。

张慧、陈蕊、陈霞、朱晓丽，2014，《浅析中国野生菌产业发展现状及趋势》，《经济师》第 8 期。

赵璟、秦海龙、孔艳，2009，《云南贫困山区非木材林产品资源优势与发展途径》，《浙江林学院学报》第 1 期。

赵琪、康平德、戚淑威、程远辉、徐中志，2010，《羊肚菌资源现状及可持续利用对策》，《西南农业学报》第 1 期。

Achrol, Ravi Singh, Torger Reve, and Louis W. Stern (1983) "The Environment of Marketing Channel Dyads: A Framework for Comparative Analysis", *Journal of Marketing* 47: 55-67.

Agrawal, A. (2001) "Common Property Institutions and Sustainable Governance of Resources", *World Development* 29 (10): 1649-1672.

Agrawal, Arun, and Gautam N. Yadama (1997) "How Do Local Institutions Mediate Market and Population", *Development and Change* 28 (3): 435-465.

Arnold, J. E. M., and Manuel Ruiz Perez (1998) "The Role of Non-Timber Forest Products in Conservation and Development", in Eva Wollengerg and Andrew Ingles (eds.) *Incomes From The Forest: Methods For the Development and Conservation of Forest Products for Local Communities*, pp. 17 – 41. Bogor: Center for International Forestry Research, World Conservation.

Belcher, B. , and K. Schreckenberg (2007) "Commercialisation of Non-Timber Forest Products: A Reality Check", *Development Policy Review* 25 (3): 355-377.

Bista, S. , and E. L. Webb (2006) "Collection and Marketing of Non-Timber Forest Products in the Far Western Hills of Nepal", *Environmental Conservation* 33 (3): 244-255.

Bonito, G. , Trappe, J. M. , Donovan, S. , and Vilgalys, R. (2011) "The Asian Black Truffle Tuber Indicum Can Form Ectomycorrhizas with North A-

merican Host Plants and Complete Its Life Cycle in Non‑Native Soils",
Fungal Ecology 4（1）：83-93.

Boonyanuphap, J., and Hansawasdi, C.（2011）"Spatial Distribution of Beta
Glucan Containing Wild Mushroom Communities in Subtropical Dry Forest,
Thailand", *Fungal Diversity* 46：29-42.

Bryant, Raymond L.（1992）"Political Ecology: An Emerging Research A‑
genda in Third-World Studies", *Political Geography* 11（1）：12-36.

Bryant, Raymond L., and S. Bailey（1997）*Third World Political Ecology*.
London：Routledge.

Chen, J., Deng, X. J., Liu, P. G.（2009）"Research Status and Signifi‑
cant Progress on the Genus Tuber", *Microbiology* 36：1013-1018.

Chevalier, G., and Grente, J.（1979）"Application pratique de la symbiose
ectomycorhizienne: production à grande échelle de plants mycorhizés par la
truffe", *Mushroom Scince* 10：483-505.

Choudhary, D., S. P. Kala, N. P. Todaria, S. Dasgupta, and M. Kollmair
（2014）. "Drivers of Exploitation and Inequity in Non-Timber Forest Prod‑
ucts（NTFP）Value Chains: The Case of Indian Bay Leaf in Nepal and In‑
dia", *Development Policy Review* 32（1）：71-87.

Clammer, John（1993）"Fishermen, Forest-Eaters, Peddlers, Peasants, and
Paternalists: Economic Anthropology", in Grant Evans（ed.）*Asia's Cul‑
tural Mosaic: An Anthropological Introduction*, pp. 152 - 174. Singapore：
Prentice Hall.

Claus, R., Hoppen, H. O., and Karg, H.（1981）"The Secret of Truffles:
A Steroidal Pheromone?" *Experientia* 37：1178-1179.

De Silva, D. D., Rapior, S., Françoise, F., Bahkali, A. H., Hyde, K. D.
（2012）"Medicinal Mushrooms in Supportive Cancer Therapies: An Ap‑
proach to Anti‑Cancer Effects and Putative Mechanisms of Action", *Fun‑
gal Diversity* 55：1-35.

Dilley, Roy（1992）"Contesting Markets: A General Introduction to Market

Ideology, Imagery and Discourse", in Roy Dilley (ed.) *Contesting Markets: Analyses of Ideology, Discourse and Practice*, pp. 1–34. Edinburgh: Edinburgh University Press.

Dong, M., and He, J. (2018) "Linking the Past to the Future: A Reality Check on Cross-Border Timber Trade from Myanmar (Burma) to China", *Forest Policy and Economics* 87: 11–19.

Evans, Grant, Christopher Hutton and Kuah Khun Eng (eds.) (2000) *When China Meets Southeast Asia: Social & Cultural Change in the Border Regions*. Singapore: Institute of Southeast Studies.

Fan, B., and He, J. (2024) "Mapping the Ophiocordyceps Sinensis Value Chain: Actors, Profits and Social Institutions in South-West China", *Oryx* 58 (1): 38–47.

FAO (1999) *Poverty Alleviation and Food Security in Asia*. Bangkok: FAO Regional Office for Asia and the Pacific.

Fujimoto, Akimi (1983) *Income Sharing Among Malay Peasants: A Study of Land Tenure and Rice Production*. Singapore: National University of Singapore Press.

Gao, J. M., Zhang, A. L., Chen, H., and Liu, J. K. (2004) "Molecular Species of Ceramides from the Ascomycete Truffle Tuber Indicum", *Chemistry and Physics of Lipids* 131 (2): 205–213.

García-Montero, L. G., Díaz, P., Di Massimo, G., and García-Abril, A. (2010) "A Review of Research on Chinese Tuber Species", *Mycological Progress* 9: 315–335.

Geng, L. Y., Wang, X. H., Yu, F. Q., Deng, X. J., Tian, X. F., Shi, X. F., ... and Shen, Y. Y. (2009) "Mycorrhizal Synthesis of Tuber Indicum with Two Indigenous Hosts, Castanea Mollissima and Pinus Armandii", *Mycorrhiza* 19: 461–467.

Gereffi, G., and M. Korzeniewicz (1994) *Commodity Chain and Global Capitalism*. Westport, CT: Praeger.

Gudeman, Stephen (1992) "Markets, Models and Morality: The Power of Practices", in Roy Dilley (ed.) *Contesting Markets: Analyses of Ideology, Discourse and Practice*, pp. 280-294. Edinburgh: Edinburgh University Press.

He, J. (2010) "Globalised Forest-Products: Commodification of the Matsutake Mushroom in Tibetan Villages, Yunnan, Southwest China", *International Forestry Review* 12 (1): 27-37.

He, J. (2016) "Rights to Benefit from Forest? A Case Study of the Timber Harvest Quota System in Southwest China", *Society & Natural Resources* 29 (4): 448-461.

He, J. (2018) "Harvest and Trade of Caterpillar Mushroom (Ophiocordyceps Sinensis) and the Implications for Sustainable Use in the Tibet Region of Southwest China", *Journal of Ethnopharmacology* 221: 86-90.

He, J., and Sikor, T. (2017) "Looking beyond Tenure in China's Collective Forest Tenure Reform: Insights from Yunnan Province, Southwest China", *International Forestry Review* 19 (1): 29-41.

He, J., Dong, M., and Stark, M. (2014b) "Small Mushrooms for Big Business? Gaps in the Sustainable Management of Non-Timber Forest Products in Southwest China", *Sustainability* 6 (10): 6847-6861.

He, J., Lang, R., and Xu, J. (2014a) "Local Dynamics Driving Forest Transition: Insights from Upland Villages in Southwest China", *Forests* 5 (2): 214-233.

He, Jun (2002) "Local Institutional Responses to Commodity Chain of Non-timber Forest Products: A Case Study in Nuozhadu Nature Reserve, Yunnan Province, P. R. China", Unpublished Master Thesis in Sustainable Development, Chiang Mai University, Thailand.

He, Jun (2003) "Cross-Scale Institutional Linkages of Commercial Matsutake Mushroom Management and Marketing: A Preliminary Study of NTFP in Zhongdian County, Yunnan, China", In Xu, Jianchu et al. (eds.) *Landscapes of Diversity: Indigenous Knowledge, Sustainable Livelihoods and Re-*

source Governance in Montane Mainland Southeast Asia, *Proceeding of the III Symposium on MMSEA*. Kunming: Yunnan Technology Publishing House.

He, Pikun, and Jun He (2001) "Local Regulations and Forest Management in Ethnic Regions", in He, Pikun, Dejiang Yu and Weichang Li (eds.) *Forests*, *Trees and Minorities*, pp. 113-122. Kunming: Yunnan Nationality Press.

He, Pikun, Dejiang Yu, and Weichang Li (eds.) (2001) *Forests*, *Trees and Minorities*. Kunming: Yunnan Nationality Press.

Heubach, K. , R. Wittig, E. A. Nuppenau, and K. Hahn (2013) "Local Values, Social Differentiation and Conservation Efforts: The Impact of Ethnic Affiliation on the Valuation of NTFP-Species in Northern Benin, West Africa", *Human Ecology* 41 (4): 513-533.

Hibbett, D. S. , Binder, M. , Bischoff, J. F. , Blackwell, M. , Cannon, P. F. , Eriksson, O. E. , Huhndorf, S. , James, T. , Kirk, P. M. , Lücking, R. , Lumbsch, H. T. (2007) "A Higher-Level Phylogenetic Classification of the Fungi", *Mycological Research* 111: 509-547.

Hoogvelt, Ankie M. M. (1997) *Globalization and the Postcolonial World: The New Political Economy of Development*. Bltimore, Md. : Johns Hopkins University Press.

Hua, R. , Z. Chen, and Wen Fu (2017) "An Overview of Wild Edible Fungi Resource Conservation and Its Utilization in Yunnan", *Journal of Agricultural Science* 9 (5): 158-169.

Hu, H. T. , Wang, Y. , Hu, B. Y. (2005) "Cultivation of Tuber Formosanum on Limed Soil in Taiwan", *NZ J Crop Horticulture Science* 33: 363-366.

Jary, David, and Julia Jary (1991) *Dictionary of Sociology*. Harper Collins Publishers.

Ke, BingSheng (1992) "Price and Subsidy Policy for Grain in China: Performance, Problems and Prospects for Reform", in Margot Bellamy and

Bruce Greenshields (eds.) *Issues in Agricultural Development: Sustainability and Cooperation*, *IAAE Occasional Paper No.* 6, pp. 145−150. Aldershot, Hants: Dartmouth Publishing Co.

Kobayasi, Y. (1982) "Keys to the Taxa of the Genera Cordyceps and Torrubiella", *Transactions of the Mycological Society of Japan* 23: 329−364.

Langill, Steve (1999) "Introduction", in *Institutional Analysis Readings and Resource for Researchers*, *Steve Langill compiled*. The Community-Based Natural Resource Management Program Initiative, IDRC.

Leach, Melissa, Robin Mearns and Ian Scoones (1997) "Challenges Community-Based Sustainable Development: Dynamics, Entitlement, Institution", *IDS Bulletin* 28 (4): 4−14.

Leach, Melissa, Robin Mearns and Ian Scoones (1999) "Environmental Entitlements: Dynamics and Institutions in Community-Based Natural Resource Management", *World Development* 27 (2): 225−247.

Le Billon, Philoppe (2000) "The Political Ecology of Transition in Cambodia 1989−1999: War, Peace and Forest Exploitation", *Development and Change* 31: 785−805.

Li, Tania Murray (1996) "Images of Community: Discourse and Strategy in Property Relation", *Development and Change* 27: 501−527.

Lubasz, Heinz (1992) "Adam Smith and the Invisible Hand-of the Market?", in Roy Dilley (ed.) *Contesting Markets: Analyses of Ideology, Discourse and Practice*, pp. 37−56. Edinburgh: Edingurgh University Press.

Macpherson, C. B. (1978) "The Meaning of Property", in C. B. Macpherson, *Property: Mainstream and Critical Position*, pp. 1−13. Toronto: University of Toronto Press.

Moore, Donald (1994) "Contesting Terrain in Zimbabwe's Eastern Highland: Political Ecology, Ethnography and Peasant Resource Struggles", *Economic Geography* 70: 380−401.

Mortimer, P. E., S. C. Karunarathna, Q. Li, H. Gui, X. Yang, X. Yang,

J. He, L. Ye, J. Guo, H. Li, and P. Sysouphanthong (2012) "Prized Edible Asian Mushrooms: Ecology, Conservation and Sustainability", *Fungal Diversity* 56 (1): 31-47.

Muldavin, Joshua S. S. (1996) "The Political Ecology of Agrarian Reform in China: The Case of Heilongjiang Province", in Richard Peet and Michael Watts (eds.) *Liberation Ecology: Environment, Development and Social Movements*, pp. 227-259. London: Routledge.

Namgyel, P. Tshitila (2003) "Rare, Endangered, Over-Exploitation and Extinction of Plant Species? Putting Cordyceps—A High Value Medicinal Plant-To Test", Council of Research and Extension and Bhutan Trust Fund for Environmental Conservation, Thimphu.

Nepstad, Daniel C., and Stephan Schwartzman (eds.) (1992) *Non-Timber Products From Tropical Forests Evaluation of a Conservation and Development Strategy*. Bronx, N. Y.: New York Botanical Garden.

Neumann, Rodrick P., and Eric Hirsch (2000) *Commercialization of Non-Timber Forest Products: Review and Analysis of Research*. Bogor: Center for International Forestry Research.

Oakerson, Ronald J. (1992) "Analyzing the Commons: A Framework", in Daniel W. Bromley et al. (eds.) *Making the Commons Work*, pp. 41-59. California, San Francisco: Institute for Contemporary Studies.

Ogilvie, J. (1996) "Forestry in Diqin Prefecture, Northwest Yunnan Province, China", *The Commonwealth Forestry Review* 290-295.

Olsen, C. S., and Bhattarai, N. (2005) "A Typology of Economic Agents in the Himalayan Plant Trade", *Mountain Research and Development* 37-43.

Ostrom, Elinor (1998) "The Institutional Analysis and Development Approach", in Edna Tusak Loehman and D. Marc Kilgour (eds.) *Designing Institutions For Environmental and Resource Management*, pp. 68-90. Cheltenham, UK: Edward Elgar Publishing.

Ostrom, Elinor, and Edella Schlager (1995) "The Formation of Property Rights", in Susan Huanna, Cal Folke and Karl Maler （eds.） *Rights to Nature*, pp. 127-156. Washington, D. C. ： Island Press.

Pandit, B. H. , and G. B. Thapa （2003） "A Tragedy of Non-Timber Forest Resources in the Mountain Commons of Nepal", *Environmental Conservation* 30 （3）： 283-292.

Paterson, R. R. M. （2008） "Cordyceps—A Traditional Chinese Medicine and Another Fungal Therapeutic Biofactory?", *Phytochemistry* 69： 1469-1495.

Peet, R. , and M. Watts （1996） "Liberation Ecology： Development, Sustainability, and Environment in an Age of Market Triumphalism", in R. Peet and M. Watts （eds.） *Liberation Ecologies： Environment, Development and Social Movements*, pp. 1-45. London： Routledge.

Pei, Shengji et al. （eds.） （1996） *The Challenges of Ethnobiology in the 21st Century： Proceedings of the Second International Congress of Ethnobiology*, organized by Kunming Institute of Botany, Chinese Academy of Sciences, Yunnan Association for Science and Technology, the International Society of Ethnobiology （ICE）, Kunming： Yunnan Science and Technology Press.

Peluso, N. L. （2023） *Rich Forests, Poor People： Resource Control and Resistance in Java*. University of California Press.

Pomeroy, R. S. （1998） "Analysis of Fisheries Co-Management Arrangements： A Research Framework", Prepared by Fisheries Co-Management Project Core Staff at the International Center of Living Aquatic Resources Management （ICLARM） and the North Sea Center （NSC）.

Rangan, Haripriya （1997） "Property Vs. Control： The State and Forest Management in The Indian Himalaya", *Development and Change* 28 （1）： 71-94.

Ribot, J. （1998） "Theorizing Access： Forest Profits along Senegal's Charcoal Commodity Chain", *Development and Chang* 29 （2）： 307-341.

Ribot, J. C. , and N. L. Peluso （2003） "A Theory of Access", *Rural Sociology* 68 （2）： 153-181.

Rijsoort, Jeanette Van (2000) "NTFPs: Their Role in Sustainable Develop-
ment Management in the Tropics", in Cathrien de Pater (ed.) *Theme
Studies Series 1 Forests Forestry and Biological Diversity Support Group*,
pp. 1–36. Wateringen: JB&A Communicates Press.

Rijsoot, Jeanette Van, and Pikun He (eds.) (2001) *The International Semi-
nar On Non-Timber Forest Product: China Yunnan, Laos, Vietnam*. Kun-
ming: Yunnan University Press.

Samils, N., Olivera, A., Danell, E., Alexander, S. J., Fischer, C., and
Colinas, C. (2008) "The Socioeconomic Impact of Truffle Cultivation in
Rural Spain", *Economic Botany* 62: 331–340.

Scott, James C. (1976) *The Moral Economy of the Peasant: Rebellion and
Subsistence in Southeast Asia*. Baltimore: John Hopkins University Press.

Seymour-Smith, Charlotte (ed.) (1986) *Macmillan Dictionary of Anthropolo-
gy*. London: The Macmillan Press Ltd.

Shrestha, B., Zhang, W., Zhang, Y., and Liu, X. (2010) "What Is the
Chinese Caterpillar Fungus Ophiocordyceps Sinensis (Ophiocordycipitace-
ae)?", *Mycology* 1 (4): 228–236.

Su, K. M., and Zhao, Y. C. (2007) *The Mushrooms in Chuxiong Region and
Technologies Relating to Artificial Promoted Production*, Yunnan Science
and Technology Press, Kunming.

Sung, G. H., Hywel – Jones, N. L., Sung, J. M., Luangsa – Ard, J. J.,
Shrestha, B., and Spatafora, J. W. (2007) "Phylogenetic Classification
of Cordyceps and the Clavicipitaceous Fungi", *Studies in Mycology* 57: 5–
59.

Tan, Z. M., and Fu, S. C. (2002) "Lssues on Truffle Harvesting and Trade in
China", *Edible Fungi of China* 22: 3–5.

To, P. X., Canby, K., and Trends, F. (2017) *Laos Log and Sawnwood
Export Ban: Impacts on the Vietnam–Lao Timber Trade*. Washington: Forest
Trends.

Trappe, J. M. (1979) "The Orders, Families, and Genera of Hypogeous Ascomycotina (Truffles and Their Relatives) ", *Mycotaxon* 9: 297-340.

Trappe, J. M. (2009) "Diversity, Ecology, and Conservation of Truffle Fungi in Forests of the Pacific Northwest" (Vol. 772), US Department of Agriculture, Forest Service, Pacific Northwest Research Station.

Tulley, Stephen E. (2000) "The Social Organization of Cacao Marketing in Southern Mexico", A Research Proposal submitted to Wenner-Gren Foundation.

Wang, Kangling, Jianchu Xu, Sehji Pei and Sanyang Chen (2001) "Selected Non-Timber Forest Products for Natural Resources Conservation and Community Development in Southwest Yunnan, China", in Jeanette Van Rijsoot and Pikun He (eds.) *The International Seminar On Non-Timber Forest Product: China Yunnan, Laos, Vietnam*, pp. 31 - 39. Kunming: Yunnan University Press.

Wang, X. (2013) "Truffle cultivation in China", in *Edible Ectomycorrhizal Mushrooms: Current Knowledge and Future Prospects*, pp. 227-240. Berlin, Heidelberg: Springer Berlin Heidelberg.

Wang, Y. , and Liu, P. G. (2011) "Verification of Chinese Names of Truffles and Their Conservation in Natural Habitats", *Plant Diversity and Resources* 33: 625-642.

Watts, Michael J. (2000) "Contested Communities, Malignant Markets, and Gilded Governance: Justice, Resource Extraction, and Conservation in the Tropics", in Charles Zerner (ed.) *People, Plants, & Justice: the Politics of Nature Conservation*, pp. 21 - 64. New York: Columbia University Press.

Weber, M. (1979) "Developmental Tendencies in the Situation of East Elbian Rural Labourers", *Economy and Society* 8 (2): 177-205.

Weckerle, C. S. , Y. Yang, F. K. Huber, and Q. Li (2010) "People, Money, and Protected Areas: The Collection of the Caterpillar Mushroom Ophiocordyceps Sinensis in the Baima Xueshan Nature Reserve, Southwest China", *Biodiversity and Conservation* 19 (9): 2685-2698.

Winkler, D. (2008) "Yartsa Gunbu (Cordyceps Sinensis) and the Fungal Commodification of Tibet's Rural Economy", *Economic Botany* 62 (3): 291-305.

Wollengerg, Eva, and Andrew Ingles (eds.) (1998) "Incomes From The Forest: Methods For the Development and Conservation of Forest Products for Local Communities", Bogor: Center for International Forestry Research, World Conservation Union.

Xie, Hongyan, Xiaosong Wang and Jianchu Xu (2000) "The Impacts of Tibetan Culture on Biodiversity and Natural Landscapes in Zhongdian, Southwest China", in Xu, Jianchu, *Links between Cultures and Biodiversity: Proceedings of the Cultures and Biodiversity Congress* 2000, 20-30 *July* 2000, *Yunnan, P. R. China*. Kunming: Yunnan Science and Technology Press.

Xuan, Yi (2001) "A Study on the Utilization and Conservation of Thelephora Ganbajum Resources in Longpeng Township of Shiping County, Honghe Prefecture", in Jeanette Van Rijsoot and Pikun He (eds.) *The International Seminar On Non-timber Forest Product: China Yunnan, Laos, Vietnam*, pp. 104-113. Kunming: Yunnan University Press.

Xu, Jianchu (2000) *Links between Cultures and Biodiversity: Proceedings of the Cultures and Biodiversity Congress* 2000, 20-30 *July* 2000, *Yunnan, P. R. China*. Kunming: Yunnan Science and Technology Press.

Xu, J., Yang, Y., Fox, J., and Yang, X. (2007) "Forest Transition, Its Causes and Environmental Consequences: Empirical Evidence from Yunnan of Southwest China", *Tropical Ecology* 48 (2): 137.

Yeh, E. T. (2000) "Forest Claims, Conflicts and Commodification: The Political Ecology of Tibetan Mushroom-Harvesting Villages in Yunnan Province, China", *The China Quarterly* 161: 264-278.

Zhang, D. C. , and Wang, Y. (1990) "Study on Chinese Truffles and Its E-cology", *Edible Fungi China* 9 (2): 25-27.

Zhang, Jinfeng, Wenbing Wang and Yunfen Geng (2001) "A Case Study on the Exploitation and Management of NTFP in Shirong Village of Xiaruo Township in Deqing County", in Jeanette Van Rijsoot and Pikun He (eds.) *The International Seminar On Non-Timber Forest Product: China Yunnan, Laos, Vietnam*, pp. 58-67. Kunming: Yunnan University Press.

Zhang, L. F. , Yang, Z. L. , and Song, D. S. (2005) "A Phylogenetic Study of Commercial Chinese Truffles and Their Allies: Taxonomic Implications", *FEMS Microbiology Letters* 245 (1): 85-92.

Zhu, J. S. (2004) Presented at the American Physiological Society's (APS) Annual Scientific Conference, Experimental Biology 2003, Held April 17-21, in Washington DC.

Zhuo, Yuan (2000) "Studies of Bamboo Industry Development in Yunnan", in Juncheng Zhao et al. (eds.) *Studies of Yunnan Forest Ecological Conservation Mechanism and Alternative Industry*, pp. 207 - 219. Kunming: Yunnan Technology Press.

附　录

附录 1　研究点概况^①

（1）保山市调查点基本情况

村社名称	海棠洼社区
辖区面积	8.8 平方公里
森林面积	16800 亩
海拔	2473 米
民族	汉族
户数	359 户
人口	1561 人
人均纯收入	8200 元
主要生产活动（农业、畜牧业、打工、林业）	打工、农业、林业、畜牧业
主要经济来源	务工、农业生产、林下经济（块菌、松茸、中药材、森林旅游）、经济林果（核桃、花椒）
主要森林植被类型（天然林、次生林、人工林）	人工林
优势树种	华山松
主要农作物	玉米、烤烟、洋芋

（2）迪庆藏族自治州调查点基本情况

村社名称	德钦县霞若乡施坎村
村社辖区面积	2380.5 亩
森林面积	22 万平方公里

---

① 研究点村镇以村小组为单位，正文以村委会为单位。数据于 2018 年由研究点提供。

续表

村社名称	德钦县霞若乡施坎村
海拔	2300 米
民族	傈僳族
户数	304 户
人口	1093 人
人均纯收入	7127 元
主要生产活动（农业、畜牧业、打工、林业）	农业、畜牧业、林业
主要经济来源	虫草、羊肚菌、松茸
主要森林植被类型（天然林、次生林、人工林）	天然林
优势树种	针叶林
主要农作物	小麦、青稞、土豆

村社名称	德钦县霞若乡各么茸村里丁玛社
村社辖区面积	264 亩（耕地面积）
森林面积	1800 亩
海拔	2700 米
民族	傈僳族
户数	40 户
人口	158 人
人均纯收入	4645 元
主要生产活动（农业、畜牧业、打工、林业）	农业、林业
主要经济来源	虫草、羊肚菌、松茸
主要森林植被类型（天然林、次生林、人工林）	天然林
优势树种	针叶林
主要农作物	小麦

村社名称	叶枝镇同乐村同乐组
村社辖区面积	580 亩
森林面积	300 亩
海拔	2500 米
民族	傈僳族
户数	130 户

村社名称	叶枝镇同乐村同乐组
人口	967 人
人均纯收入	2000 元
主要生产活动（农业、畜牧业、打工、林业）	打工、农业、畜牧业
主要经济来源	打工、畜牧业
主要森林植被类型（天然林、次生林、人工林）	天然林
优势树种	松树
主要农作物	玉米、小麦、水稻

村社名称	康普村白汉顶组
村社辖区面积	600 亩
森林面积	220 亩
海拔	1860 米
民族	傈僳族
户数	110 户
人口	446 人
人均纯收入	1500 元
主要生产活动（农业、畜牧业、打工、林业）	打工、林业
主要经济来源	打工
主要森林植被类型（天然林、次生林、人工林）	人工林
优势树种	核桃
主要农作物	玉米

村社名称	叶日村永堆小组
村社辖区面积	1.8 万亩
森林面积	—
海拔	2390 米
民族	藏族
户数	31 户
人口	168 人
人均纯收入	5805 元
主要生产活动（农业、畜牧业、打工、林业）	农业、畜牧业、打工

续表

村社名称	叶日村永堆小组
主要经济来源	松茸
主要森林植被类型（天然林、次生林、人工林）	天然林
优势树种	高山松、黄背栎、长包冷杉
主要农作物	小麦、玉米

村社名称	达日村新村小组
村社辖区面积	0.1 万亩
森林面积	—
海拔	2260 米
民族	藏族
户数	25 户
人口	145 人
人均纯收入	5313 元
主要生产活动（农业、畜牧业、打工、林业）	农业、畜牧业、打工
主要经济来源	虫草、打工
主要森林植被类型（天然林、次生林、人工林）	天然林
优势树种	黄背栎
主要农作物	小麦、玉米

村社名称	书松村农仁小组
村社辖区面积	0.64 万亩
森林面积	—
海拔	2908 米
民族	藏族
户数	28 户
人口	138 人
人均纯收入	5956 元
主要生产活动（农业、畜牧业、打工、林业）	农业、畜牧业、打工
主要经济来源	虫草、松茸、打工
主要森林植被类型（天然林、次生林、人工林）	天然林
优势树种	丽江云杉、长包冷杉、黄背栎、高山松

村社名称	书松村农仁小组
主要农作物	小麦、玉米

村社名称	叶日村东水小组
村社辖区面积	1.65 万亩
森林面积	—
海拔	2147 米
民族	藏族
户数	24 户
人口	158 人
人均纯收入	5805 元
主要生产活动（农业、畜牧业、打工、林业）	农业、畜牧业、打工
主要经济来源	虫草、葡萄
主要森林植被类型（天然林、次生林、人工林）	天然林
优势树种	丽江云杉、长包冷杉、黄背栎
主要农作物	玉米、小麦

村社名称	上游村
村社辖区面积	—
森林面积	9036 亩
海拔	3850 米
民族	藏族
户数	31 户
人口	194 人
人均纯收入	4200 元
主要生产活动（农业、畜牧业、打工、林业）	畜牧业
主要经济来源	虫草、松茸
主要森林植被类型（天然林、次生林、人工林）	天然林
优势树种	高山松、苦刺、萌生栎
主要农作物	青稞

村社名称	跃进村
村社辖区面积	—
森林面积	13361 亩
海拔	2750 米
民族	藏族
户数	38 户
人口	228 人
人均纯收入	3850 元
主要生产活动（农业、畜牧业、打工、林业）	畜牧业、农业、林业
主要经济来源	虫草、松茸
主要森林植被类型（天然林、次生林、人工林）	天然林
优势树种	高山松、苦刺、萌生栎
主要农作物	青稞

村社名称	中心村
村社辖区面积	—
森林面积	24927 亩
海拔	3000 米
民族	藏族
户数	26 户
人口	159 人
人均纯收入	3000 元
主要生产活动（农业、畜牧业、打工、林业）	畜牧业、农业、林业
主要经济来源	虫草、松茸
主要森林植被类型（天然林、次生林、人工林）	天然林
优势树种	高山松、苦刺、冷杉、杜鹃、落叶松
主要农作物	青稞

村社名称	上游村崩堆上村
村社辖区面积	12 平方公里　耕地 79.68 亩
森林面积	13957 亩
海拔	3900 米
民族	藏族

村社名称	上游村崩堆上村
户数	13 户
人口	83 人
人均纯收入	4100 元
主要生产活动（农业、畜牧业、打工、林业）	畜牧业、林业
主要经济来源	虫草、松茸
主要森林植被类型（天然林、次生林、人工林）	天然林
优势树种	高山松、苦刺、杜鹃、萌生栎
主要农作物	青稞

（3）楚雄彝族自治州调查点基本情况

村社名称	姚安县光禄镇梯子村委会
村社辖区面积	29.27 平方公里
森林面积	27.74 平方公里
海拔	1991~2593（米）
民族	彝族、汉族
户数	386 户
人口	1560 人
人均纯收入	3057 元
主要生产活动（农业、畜牧业、打工、林业）	林业、打工、农业、畜牧业
主要经济来源	林业、打工
主要森林植被类型（天然林、次生林、人工林）	天然林、次生林
优势树种	栎类、云南松
主要农作物	水稻、玉米

村社名称	姚安县光禄镇班刘村委会
村社辖区面积	10.42 平方公里
森林面积	6.74 平方公里
海拔	1878~2149（米）
民族	汉族
户数	617 户
人口	2397 人

村社名称	姚安县光禄镇班刘村委会
人均纯收入	8354 元
主要生产活动（农业、畜牧业、打工、林业）	打工、农业、畜牧业、林业
主要经济来源	打工、农业
主要森林植被类型（天然林、次生林、人工林）	人工林
优势树种	云南松
主要农作物	烤烟、水稻、玉米

村社名称	姚安县光禄镇小邑村委会
村社辖区面积	1.53 平方公里
森林面积	1.41 平方公里
海拔	2081~2198（米）
民族	汉族
户数	32 户
人口	149 人
人均纯收入	3169 元
主要生产活动（农业、畜牧业、打工、林业）	打工、农业、畜牧业、林业、
主要经济来源	打工、农业
主要森林植被类型（天然林、次生林、人工林）	次生林、人工林
优势树种	云南松
主要农作物	烤烟、水稻、玉米

村委会名称	永仁县永兴乡永兴村委会
村社辖区面积	9.2 万亩
森林面积	4.7 万亩
平均海拔	1400 米
主要民族	汉族、傣族
户数	464 户
人口	1573 人
人均纯收入	0.1831 万元
主要生产活动（农业、畜牧业、打工、林业）的经济收入	人均 0.42 万元

村委会名称	永仁县永兴乡永兴村委会
主要经济来源	林下资源采摘、打工、农作物种植、畜牧业
主要森林植被类型（天然林、次生林、人工林）	天然林
优势树种	云南松
主要农作物	玉米、水稻

村委会名称	永仁县永兴乡那软村委会
村社辖区面积	9.4 万亩
森林面积	5.4 万亩
平均海拔	1320 米
主要民族	回族、傈族
户数	464 户
人口	1736 人
人均纯收入	0.2009 万元
主要生产活动（农业、畜牧业、打工、林业）的经济收入	人均 0.62 万元
主要经济来源	林下资源采摘、打工、农作物种植、畜牧业
主要森林植被类型（天然林、次生林、人工林）	天然林
优势树种	云南松
主要农作物（品种）	玉米、水稻

村委会名称	永仁县永兴乡迤资村委会
村社辖区面积	—
森林面积	4.6 万亩
平均海拔	1170 米
主要民族	傈族
户数	190 户
人口	779 人
人均纯收入	0.2369 万元
主要生产活动（农业、畜牧业、打工、林业）的经济收入	人均 0.5 万元
主要经济来源	林下资源采摘、打工、农作物种植、畜牧业
主要森林植被类型（天然林、次生林、人工林）	天然林

续表

村委会名称	永仁县永兴乡迤资村委会
优势树种	云南松
主要农作物	烤烟、玉米、水稻

村委会名称	永仁县永兴乡鱼乍村委会
村社辖区面积	—
森林面积	4.7 万亩
平均海拔	2000 米
主要民族	汉族、傣族
户数	172 户
人口	684 人
人均纯收入	0.2258 万元
主要生产活动（农业、畜牧业、打工、林业）的经济收入	人均 0.6 万元
主要经济来源	林下资源采摘、打工、农作物种植、畜牧业
主要森林植被类型（天然林、次生林、人工林）	天然林
优势树种	云南松
主要农作物	烤烟、玉米、水稻

村委会名称	永仁县猛虎乡猛虎村委会
村社辖区面积	8.4 万亩
森林面积	7.3 万亩
平均海拔	1711 米
主要民族	彝族、汉族
户数	812 户
人口	3047 人
人均纯收入	0.731 万元
主要生产活动（农业、畜牧业、打工、林业）的经济收入	人均 2 万元
主要经济来源	畜牧、烤烟
主要森林植被类型（天然林、次生林、人工林）	天然林
优势树种	云南松、栎类
主要农作物	烤烟、玉米、水稻、油菜

村委会名称	永仁县中和镇万马村委会
村社辖区面积	6.6 万亩
森林面积	5.9 万亩
平均海拔	1500 米
主要民族	傣族
户数	498 户
人口	2026 人
人均纯收入	0.76 万元
主要生产活动（农业、畜牧业、打工、林业）的经济收入	人均 0.56 万元
主要经济来源	烤烟、养殖、核桃、板栗
主要森林植被类型（天然林、次生林、人工林）	天然林、次生林
优势树种	云南松
主要农作物	核桃、板栗、烤烟

村委会名称	永仁县中和镇中和村委会
村社辖区面积	9.4 万亩
森林面积	8.7 万亩
平均海拔	1750 米
主要民族	彝族
户数	446 户
人口	1760 人
人均纯收入	0.77 万元
主要生产活动（农业、畜牧业、打工、林业）的经济收入	人均 0.85 万元
主要经济来源	烤烟、养殖、核桃、板栗
主要森林植被类型（天然林、次生林、人工林）	天然林、次生林
优势树种	云南松
主要农作物	核桃、板栗、烤烟

村委会名称	永仁县莲池乡查理么村委会
村社辖区面积	2.5 万亩
森林面积	1.2 万亩

续表

村委会名称	永仁县莲池乡查理么村委会
平均海拔	1600 米
主要民族	汉族、彝族
户数	1200 户
人口	4100 人
人均纯收入	1.8 万元
主要生产活动（农业、畜牧业、打工、林业）的经济收入	人均 2.5 万元
主要经济来源	葡萄、烟草、经济林、水稻、蔬菜
主要森林植被类型（天然林、次生林、人工林）	次生林
优势树种	云南松
主要农作物	葡萄、烟草、水稻、玉米、蔬菜、蚕桑

附录 2　采集者、地方中间商及区域批发商问卷①

A. 00 采集者----问卷号：_____

A. 01 调查人	
A. 02 调查日期和开始时间	2015 年　　月　　日

介绍

（选择的调查对象必须是该家庭的男女户主或者当家人）

［调查员声明］您好！我是×××大学的老师。我们正在进行一个关于虫草贸易与管理的调查。我们现在要做一个问卷访谈，我们想知道您在林业管理和发展方面的一些变化与看法。请您放心，我们收集到的信息会严格保密，只会用于我们的研究。**您的名字也不会出现在任何报告里面，因此不会对您产生任何不好的影响，请您尽管放心。**这个问卷可能会耽误您 20 分钟左右的时间，您的答案对我们来说非常重要。您觉得可以受访吗？

［注意：如果不行，到下一家，在问正式问题前花点时间同农户谈天说地，

---

① 由于针对各野生菌采用的是相同的问卷，这里仅仅呈现虫草的问卷作为例子。

说些他们感兴趣的话题，让他们感到轻松自在以便问卷顺利进行]

A.01 省	云南
A.02 市	
A.03 县	
A.04 乡	
A.05 村委会	
A.06 自然村/村民小组	
A.07 被访问者姓名	
A.08 受访者性别	

A. 家庭特征

A1. 目前家庭情况

家庭人数	劳动力	受访者民族	受访者年龄	受访者受教育程度（年）	家里是否有人在村里或在外担任干部/政府雇员（1＝是，0＝否）

A2. 目前家庭的土地面积（单位：亩）

土地面积		林地		牧场（草地）	
耕地	水田	自留山	联合经营	承包	

A3. 外出务工情况

是否有人外出务工（1＝有，0＝没有）	如果有，有几个人外出务工	平均每人每年外出务工的时间（月）	您家每年的外出打工的收入大概是多少（元）

A4. 家庭收入的最主要来源为哪个方面？（单选）（＿＿＿）

1＝土地耕作收入；　　2＝养殖牲畜收入；　　3＝林果和木材收入；

4＝野生菌收入；　　5＝帮人做活、外出打工；　　6＝政府补助收入；

7＝家庭小生意；　　8. 其他＿＿＿＿＿。

A5. 您家庭的人均年收入为多少？（＿＿＿）（元）

A6. 野生菌的收入

每年野生菌的收入 （元）	虫草销售收入 （元）	野生菌销售数量 （公斤）	虫草销售数量 （公斤）

B. 虫草采集，销售与管理

A 虫草采集	
1. 您家采集虫草有多少年了？	_____年
2. 您家是谁参与虫草的采集？	1＝男人；2＝妇女；3＝小孩；4＝妇女和小孩；5＝全都参与
3. 您家采集虫草是否需要采集证？	0＝不需要；1＝需要
4. 您家采集虫草是每年都去采集还是偶尔？	1＝每年采集；2＝偶尔采集
5. 您每年有几个月花在虫草的采集上？	_____月
6. 您在什么地方采集虫草？（可以多选）	1＝自己的山林；2＝小组的山林；3＝集体的山林；4＝国有的山林；5＝哪里有就在哪里采
7. 虫草采集地离您家的距离？	_____公里
8. 您知道虫草一般比较容易在什么地方采集到？	0＝不知道；1＝知道（请解释虫草生长的环境_____）
9. 您采集虫草时使用什么工具？	1＝直接用手摘；2＝用木板撬；3＝用锄头挖；4＝其他（请解释_____）
10. 虫草采集以后，您如何处理菌塘（采集后的采集点）？	1＝不用处理；2＝用树叶和松毛遮盖；3＝其他（请解释_____）
B 虫草销售	
11. 您家采集的虫草由谁负责销售？	1＝男人；2＝妇女；3＝小孩；4＝妇女和小孩；5＝全都参与
12. 您在哪销售您的虫草？	1＝卖给本村的收购老板；2＝卖给来村里收购的外地老板；3＝到集市上卖给本地老板；4＝到集市上卖给外地老板；5＝打电话让外面老板来家里收；6＝直接卖给公司；7＝其他（请解释_____）
13. 您离最近的一个交易市场的距离？	_____公里
14. 您销售虫草时的交通工具？	0＝步行；1＝摩托车；2＝公交班车；3＝几个人合租一个车；4＝自己的车
15. 您销售虫草是否对虫草分级销售？	0＝不分级；1＝是，要进行分级销售
16. 您销售虫草是否会与购买者讨价还价？	0＝否，不会；1＝是，会的
17. 您认为您销售虫草的价格是否合理？	1＝价格低了；2＝合理的；3＝我能卖个好价钱

18. 您认为虫草的价格主要由谁决定？	1＝我自己决定；2＝收购的小老板；3＝外面的大老板；4＝出口公司；5＝国际客户
19. 您是否每年都选择卖给同一个老板？（为什么卖给不同的老板或为什么卖给同一个老板？）	0＝否；1＝是； （因为：＿＿＿＿＿＿＿＿＿＿）
20. 您认为怎样算是一个好的又有信誉的虫草老板？	
21. 您认为怎样算是一个坏得没信誉的虫草老板？	
22. 您选择销售虫草的对象首先是考虑价格还是信誉？	1＝价格；2＝信誉
23. 您是否会销售过小的虫草？	0＝否；1＝是
C. 虫草管理	
24. 您认为是谁规定了您的虫草采集地？	0＝没有规定；1＝农民自己规定；2＝村民大会规定；3＝村长规定；4＝林业部门规定
25. 您认为虫草采集管理应该采用哪种管理？	0＝不需要管理；1＝集体统一管理；2＝个人自己管理；3＝政府管理
26. 您认为村社虫草销售应该如何管理以保障价格合理？	0＝不需要管理；1＝村社管理外来老板；2＝政府出台指导；3＝其他（请解释＿＿＿＿＿＿＿）
27. 您认为村社虫草销售应该如何管理以保障不销售子过小的虫草？	0＝不需要管理；1＝村社集体管理外来老板；2＝农户自己管理；3＝政府管理
28. 您认为如何可以提高虫草的产量？	
29. 您认为如何可以提高虫草的销售收入？	

非常感谢您的合作！

A. 00 虫草地方中间商----问卷号：＿＿＿＿＿＿

A. 01 调查人	
A. 02 调查日期和开始时间	2015 年 月 日

介绍

[调查员声明] 您好！我是×××大学的老师。我们正在进行一个关于虫草贸易与管理的调查。我们现在要做一个问卷访谈，我们想知道您在虫草管理和发展方面的一些变化与看法。请您放心，我们收集到的信息会严格

保密，只会用于我们的研究。**您的名字也不会出现在任何报告里面，因此不会对您产生任何不好的影响，请您尽管放心。**这个问卷可能会耽误您 15 分钟左右的时间，您的答案对我们来说非常重要。您觉得可以受访吗？[注意：如果不行，到下一家，在问正式问题前花点时间谈天说地，说些他们感兴趣的话题，让他们感到轻松自在以便问卷顺利进行]

A.01 省	云南
A.02 市	
A.03 县	
A.04 乡	
A.05 村	
A.06 被访问者姓名	

姓名	性别	民族	受访者年龄	受访者受教育程度（年）	受访者来自什么地方	从事虫草收购有几年

1. 您收购虫草的方式？	1＝个人收购；2＝与别人合伙收购；3＝为所属的公司（公司名称_____）
2. 您除了收购虫草还经营其他野生菌吗？	0＝否；1＝是
3. 虫草生意在您全部野生菌生意中所占的比例？	____%
4. 您公司员工固定人员和临时人员的数量分别是多少？	固定人员_____人；临时人员_____人
5. 每年除了虫草收购您还做哪些生意？	
6. 您是否办理了虫草收购的许可证？	0＝否；1＝是
7. 您收购虫草时是分级收购还是统货收购？	0＝不分级；1＝分级；2＝二者都有（请说明分级收购与不分级各占的比例_____）
8. 您是从什么地方收购虫草的？	1＝农户；2＝其他中间商；3＝二者都有（请说明各占的比例_____）
9. 您去年收购的虫草的最高价？	1 级： 2 级： 3 级： 4 级： 5 级： 统货：
10. 您去年收购的虫草的最低价？	1 级： 2 级： 3 级： 4 级： 5 级： 统货：
11. 您去年销售的虫草的最高价？	1 级： 2 级： 3 级： 4 级： 5 级： 统货：

12. 您去年销售的虫草的最低价？	1 级：　　　2 级：　　　3 级：　　　4 级： 5 级：　　　统货：
13. 您收购和销售的虫草的数量是多少？	收购＿＿＿公斤；销售＿＿＿公斤
14. 您是否有固定的销售渠道和客户？	0 = 没有；1 = 有
15. 您是否把虫草运出本地区销售？	0 = 否；1 = 是
16. 您一般把虫草销售给谁？	1 = 当地的老板；2 = 外县大老板；3 = 出口公司
17. 您收购虫草主要有哪些成本？去年这些费用大概是多少？	运输：　　　人员：　　　包装冷藏： 损耗：　　　税收： 其他：（＿＿＿＿＿＿＿＿＿＿＿＿＿＿＿）
18. 您认为虫草的价格主要由谁决定？	1 = 我自己决定；2 = 收购的老板；3 = 外面的大老板；4 = 出口公司；5 = 国际客户
19. 您认为去年虫草价格波动的原因是？	1 = 虫草产量；2 = 虫草品质；3 = 国内市场变化；4 = 国际市场变化
20. 您认为如何可以提高虫草的产量？	
21. 您认为如何可以提高虫草的销售收入？	

非常感谢您的合作！

虫草收购市场应该如何管理？

A. 00 虫草区域批发商----问卷号：＿＿＿＿＿＿

A. 01 调查人	
A. 02 调查日期和开始时间	2015 年　　月　　日

介绍

　　[调查员声明] 您好！我是×××大学的老师。我们正在进行一个关于虫草贸易与管理的调查。我们现在要做一个问卷访谈，我们想知道您在虫草管理和发展方面的一些变化与看法。请您放心，我们收集到的信息会严格保密，只会用于我们的研究。**您的名字也不会出现在任何报告里面，因此不会对您产生任何不好的影响，请您尽管放心。**这个问卷可能会耽误您 15分钟左右的时间，您的答案对我们来说非常重要。您觉得可以受访吗？[注意：如果不行，到下一家，在问正式问题前花点时间谈天说地，说些他们感兴趣的话题，让他们感到轻松自在以便问卷顺利进行]

A.01 省	云南
A.02 市	
A.03 县	
A.04 乡	
A.05 村	
A.06 被访问者姓名	

姓名	性别	民族	受访者年龄	受访者受教育程度（年）	受访者来自什么地方	从事虫草收购有几年

1. 您收购虫草的方式？	1＝个人收购；2＝与别人合伙收购；3＝为所属的公司（公司名称＿＿＿＿＿＿＿＿＿）
2. 您除了收购虫草还经营其他野生菌吗？	0＝否；1＝是
3. 虫草生意在您全部野生菌生意中所占的比例？	＿＿＿%
4. 您公司员工固定人员和临时人员的数量分别是多少？	固定人员＿＿＿＿＿人；临时人员＿＿＿＿＿人
5. 每年除了虫草收购您还做哪些生意？	
6. 您是否办理了虫草收购的许可证？	0＝否；1＝是
7. 您收购虫草时是分级收购还是统货收购？	0＝不分级；1＝分级；2＝二者都有（请说明分级收购与不分级各占的比例＿＿＿＿＿＿＿）
8. 您是从什么地方收购虫草的？	1＝农户；2＝其他中间商；3＝二者都有（请说明各占的比例＿＿＿＿＿＿＿＿＿）
9. 您去年收购的虫草的最高价？	1级：　　　2级：　　　3级：　　　4级： 5级：　　　统货：
10. 您去年收购的虫草的最低价？	1级：　　　2级：　　　3级：　　　4级： 5级：　　　统货：
11. 您去年销售的虫草的最高价？	1级：　　　2级：　　　3级：　　　4级： 5级：　　　统货：
12. 您去年销售的虫草的最低价？	1级：　　　2级：　　　3级：　　　4级： 5级：　　　统货：
13. 您每年平均收购和销售的虫草的数量是多少？	收购＿＿＿＿公斤；销售＿＿＿＿公斤
14. 您是否有固定的销售渠道和客户？	0＝没有；1＝有

15. 您是否把虫草运出本地区销售？	0 = 否；1 = 是
16. 您一般把虫草销售给谁？	1 = 外地批发商；2 = 出口公司
17. 您收购虫草主要有哪些成本？去年这些费用大概是多少？	运输：　　　人员：　　　　包装冷藏： 损耗：　　　税收： 其他：（＿＿＿＿＿＿＿＿＿＿＿＿＿＿）
18. 您认为虫草的价格主要由谁决定？	1 = 我自己决定；2 = 收购的老板；3 = 外面的大老板；4 = 出口公司；5 = 国际客户
19. 您认为去年虫草价格波动的原因是？	1 = 虫草产量；2 = 虫草品质；3 = 国内市场变化；4 = 国际市场变化
20. 您认为如何可以提高虫草的产量？	
21. 您认为如何可以提高虫草的销售收入？	

非常感谢您的合作！

图书在版编目（CIP）数据

价值链与野生菌：云南林副产品贸易的生态人类学
研究／何俊著．--北京：社会科学文献出版社，2025.
8.--（魁阁学术文库）．--ISBN 978-7-5228-5398-7
Ⅰ.F727.74；Q988
中国国家版本馆 CIP 数据核字第 20253P3R04 号

魁阁学术文库

价值链与野生菌：云南林副产品贸易的生态人类学研究

著　　者／何　俊

出 版 人／冀祥德
责任编辑／庄士龙
责任印制／岳　阳

出　　版／社会科学文献出版社·群学分社（010）59367002
　　　　　地址：北京市北三环中路甲29号院华龙大厦　邮编：100029
　　　　　网址：www.ssap.com.cn
发　　行／社会科学文献出版社（010）59367028
印　　装／三河市龙林印务有限公司

规　　格／开　本：787mm×1092mm　1/16
　　　　　印　张：11.5　字　数：175千字
版　　次／2025年8月第1版　2025年8月第1次印刷
书　　号／ISBN 978-7-5228-5398-7
定　　价／88.00元

读者服务电话：4008918866